I0080716

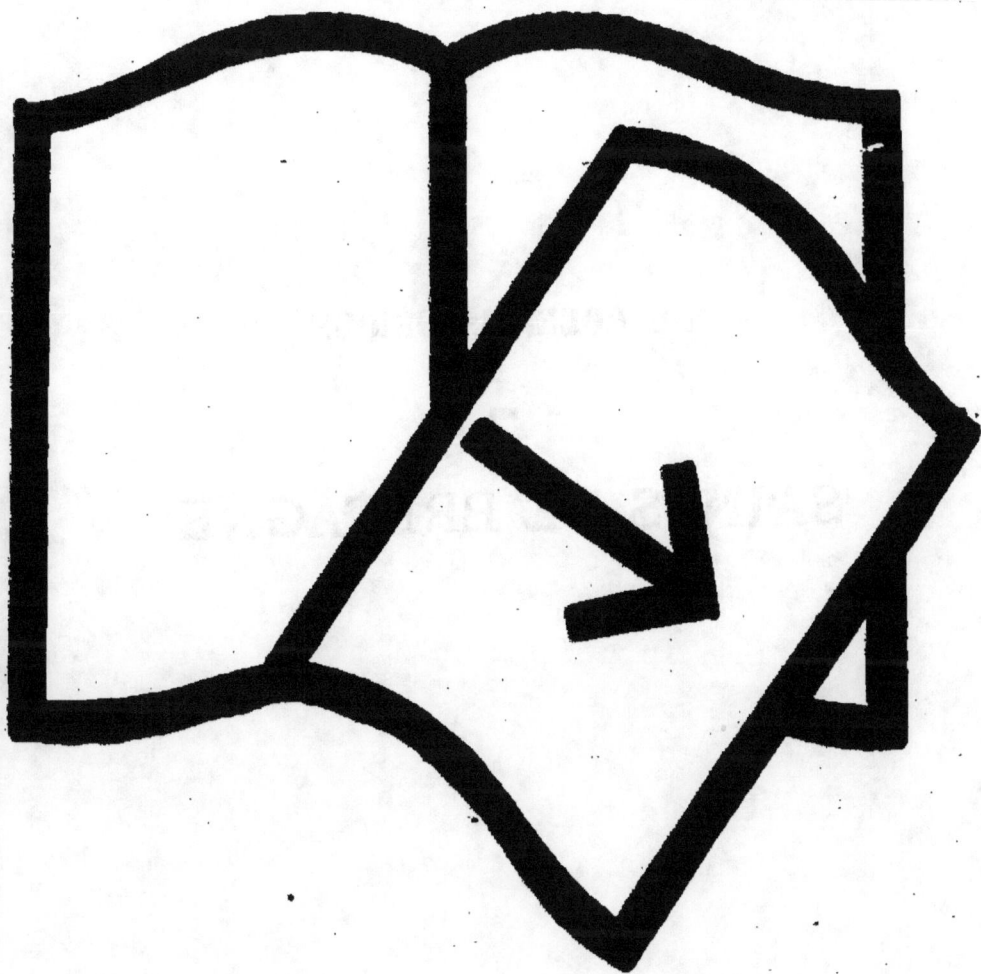

Couvertures supérieure et inférieure
manquantes

DU ROLE HISTORIQUE

DES

SAINTS DE BRETAGNE

DU

ROLE HISTORIQUE

DES

SAINTS DE BRETAGNE

DANS L'ÉTABLISSEMENT DE LA NATION
BRETONNE ARMORICAINE

PAR

ARTHUR DE LA BORDERIE

RENNES

LIBRAIRIE BRETONNE DE JOSEPH PLIHON

14, Rue de la Visitation, 14

M. DCCC. XXC. III

DU ROLE HISTORIQUE

SAINTS DE BRETAGNE

Dans l'établissement de la nation bretonne-armoricaine.

AVERTISSEMENT.

L'étude historique que l'on va lire parut pour la première fois en 1849, dans le *Bulletin archéologique de l'Association Bretonne*, comme résumé d'une communication adressée le 2 octobre 1848 au Congrès breton de Lorient.

Un tirage à petit nombre, portant le titre de *Discours sur le rôle historique des Saints de Bretagne*, eut l'honneur d'être cité avec éloge par M. de Montalembert dans son admirable livre des *Moines d'Occident*; circonstance qui a inspiré à quelques personnes le désir de connaître l'étude — devenue aujourd'hui presque introuvable — où ces citations sont prises.

Pour satisfaire ce désir, nous la réimprimons sans y rien changer, en retranchant seulement certaines formules relatives aux circonstances spéciales dans lesquelles ce travail se produisit devant le Congrès de l'Association bretonne.

Nous pourrions y faire -- sans parler des additions — plus d'une correction utile, mais ces changements ne porteraient que sur des points secondaires. Sur tous les points principaux, sur le fond même de la thèse, nous n'avons rien à changer; toutes nos recherches depuis lors l'ont confirmée; nous espérons en pouvoir bientôt donner la démonstration définitive dans le livre que nous préparons sur l'*Histoire de Bretagne du V⁰ au X⁰ siècle*.

Raison de plus pour reproduire sans changement cette étude, qui fut comme le point de départ de nos travaux.

Quelle part doit-on assigner à l'élément religieux, *ecclésiastique*, et en particulier aux saints, expression suprême de cet élément, dans la formation de la société politique fondée aux V⁰ et VI⁰

1

siècles en Armorique, par suite de l'établissement des Bretons émigrés ?

Telle est, dans son énoncé le plus bref, la question que nous voulons examiner. Cet énoncé indique les limites où nous nous renfermerons : puisqu'il s'agit spécialement d'étudier la *formation*, les origines de la société bretonne-armoricaine, nous ne franchirons guère le IX° siècle ; et puisqu'il s'agit exclusivement de la société *bretonne*-armoricaine, nous n'aurons pas à parler des saints gallo-franks ou gallo-romains des diocèses de Rennes et de Nantes : ces deux diocèses en effet n'ont jamais fait partie de la *Bretagne* armoricaine avant le IX° siècle.

Nous rechercherons quel a été le rôle de l'élément religieux ; 1° dans le fait même de l'émigration des Bretons insulaires ; 2° dans la colonisation de notre péninsule par ces émigrés.

I

Laissons tout d'abord de côté cette chimère d'une colonisation militaire et conquérante qui eût été, nous dit-on, opérée dès la fin du IV° siècle par Conan Mériadec et les Bretons de l'armée de Maxime : il est prouvé aujourd'hui que cette prétendue conquête de 383 doit être mise au rang des fables, et Conan Mériadec à côté de Pharamond. La véritable origine de la nation bretonne armoricaine se trouve dans la longue émigration des Bretons insulaires qui, chassés de leur île par la conquête anglo-saxonne, vinrent, aux V° et VI° siècles de notre ère, chercher une nouvelle patrie en Armorique [1].

La domination des Saxons en Grande-Bretagne fut vivement combattue, s'étendit *progressivement*, et mit plusieurs siècles à

[1] L'arrivée en Grande-Bretagne des Saxons d'Hengist, auteurs de la conquête, est de 449 ou de 450 (Voy. Bède, *Hist. eccl.*, I, 15, et Florent. Wigorn., *Chronic. ad ann.* 450). La première bataille des Saxons contre les Bretons insulaires est de 455 (Voy. *Chronic. Saxonic.*, édit. Gibson, ad ann. 455). Les premières émigrations d'insulaires en Armorique doivent être de 460 environ. Déjà en 461, au premier concile de Tours, on trouve un Mansuetus, *évêque des Bretons*.

atteindre ses limites définitives. D'où il faut conclure que l'émigration des Bretons en Armorique fut *successive*, c'est-à-dire ne s'accomplit pas d'un coup, mais par une suite d'émigrations partielles, généralement peu nombreuses, qui durant plus d'un siècle sortirent presque incessamment de la vieille île bretonne, à mesure que l'invasion saxonne, poussant en avant les indigènes, élargissait ses propres frontières.

Les Saxons, adorateurs d'Odin, poursuivaient d'une haine toute particulière les temples et les ministres du Christ. Ils rasaient les églises et les monastères, ou se plaisaient à y mettre leurs propres idoles ; ils égorgeaient les prêtres sur l'autel, jetaient au feu les manuscrits de la Bible, enterraient sous des monceaux de décombres les tombes vénérées des martyrs, pour qu'on n'en pût désormais reconnaître la place [1]. Si bien que Gildas s'écrie : « Cette invasion terrible a réalisé chez nous les lamentables « paroles du prophète, lorsqu'il dit : *Seigneur, ils ont incendié* « *votre sanctuaire et souillé vos sacrés tabernacles. — Les nations* « *ont envahi votre héritage et profané votre saint temple [2] !* »

Aussi l'Église bretonne s'associa énergiquement à la résistance des indigènes. Tout le monde connaît les invectives de Gildas contre les barbares, et aussi cette belle histoire des deux cents [3] moines de Bangor qui, pendant que les guerriers bretons combattaient près de Chester les Angles du Northumbre, priaient sur une colline en vue du champ de bataille pour le triomphe de leurs compatriotes, et qui furent tous égorgés jusqu'au dernier par les barbares vainqueurs. Cet héroïsme se renouvela sur tous les points. On en trouve la preuve dans tous les documents

---

[1] « Ecclesias et ecclesiastica loca ad solum usque destruebant, sacerdotes juxta altaria trucidabant, Sacras Scripturas igne concremabant, per sanctorum martyrum sepulturas cumulos terræ congerebant. » Matth. Westmonast. *Flor. histor.* ad ann. 462.

[2] Gild., *de Excidio*, cap. 24., édit Stevenson.

[3] Quelques historiens disent *douze cents* ; au reste, sur cette histoire voy. Bède, *Hist. eccl.*, II, 2, et le *Chronic. Saxonic.*, ann. 607.

relatifs à cette époque, et entre autres, dans le Livre de Landaff, d'où on pourrait tirer plus d'un trait analogue [1].

Ainsi, dans cette tragique lutte des indigènes contre les envahisseurs, les guerriers combattaient par l'épée, les prêtres par la prière. En face des ennemis, ils levaient les mains au ciel pour le salut de la nation, présentant au fer saxon leur poitrine découverte, prêts à tomber avec leurs frères en holocauste patriotique. Ce dévouement généreux, cette communauté des périls les plus extrêmes embrassée librement, serrèrent d'un nœud indestructible l'alliance du peuple et de l'Église. L'Église avait donné au peuple le baptême chrétien par l'eau, elle recevait maintenant un baptême patriotique dans les flots de son propre sang. La popularité qu'elle en acquit fut immense, et déjà, *à priori*, il est très naturel de penser que ceux des clans bretons qui se virent contraints d'aller chercher un refuge au delà des mers, prirent fréquemment pour chefs d'émigration ces moines et ces évêques qui les avaient naguère menés au combat, qui les avaient soutenus, encouragés, fortifiés de leur exemple et de leurs prières. Les historiens ni les hagiographes ne semblent pas s'en être doutés. Tous, même ceux qui nous font grâce de Conan Mériadec, nous représentent l'émigration bretonne comme exclusivement dirigée par des chefs militaires.

---

[1] Par exemple le suivant; seulement l'issue fut plus heureuse qu'à Chester : « Tempore predicti regis Idon venerunt Saxones in regionem suam deprædari, et ipse cum exercitu suo secutus est illos. Et in via sua venit ad S. Teliaum (S. Teliau) manentem tunc temporis cum clericis suis apud podum suum Lanngarth, et deprecatus est illum nimium et omnes clericos suos, ut pro illo et toto exercitu suo Deum deprecarentur. Et venit S. Teliaus cum eo usque ad montem in medio Cressinic, prope Trodi, stans et orans Deum omnipotentem ut populo suo deprædato succurreret ; et exaudita prece sua, versis hostibus in fugam reversus est rex, etc. » *Lib. Landav.*, p. 116. Cet *Idon* était roi du pays de Gwent, auj. comté de Monmouth. La *Trodi* ou, dans l'orthographe actuelle, la Trothy, est une rivière qui coule de l'O. à l'E., et se jette dans la Wye, un peu au-dessous de la ville de Monmouth : sur la rive droite de la Trothy se trouve la paroisse de *Cressinic*, auj. *Llandeilo Cresseney* et dans la carte de Camden (*Britannia*, édit. d'Amsterdam, 1646) *Llandelio Crysseny* (Ecclesia Teliavi in Cressynyc). Un peu au sud de Llandeilo Cresseney est *Lanngarth*, qui est écrit *Llanarthe* dans Camden.

Ce qu'on doit entendre par ce mot d'*émigration bretonne*, c'est l'ensemble de toutes les bandes d'émigrés, plus ou moins nombreuses, qui durant plus d'un siècle, à partir de l'an 460 environ, sont venues successivement et presque incessamment débarquer en Armorique. Si, parmi ces bandes, beaucoup étaient conduites par des chefs *militaires*, un grand nombre aussi devaient avoir pour guides des chefs *ecclésiastiques*. Vérifions.

Écoutons tout d'abord passer sur les flots les barques des pauvres fugitifs : « Ils se rendaient (nous dit Gildas) aux contrées « d'outre-mer, poussant un long gémissement, et sous leurs voiles « gonflées, en place de la chanson des rameurs, psalmodiant ces « paroles de David : *Vous nous avez livrés, Seigneur, comme des* « *agneaux à la boucherie, vous nous avez dispersés parmi les na-* « *tions*[1] *!* » Ce chant ecclésiastique, qui mène en quelque sorte le chœur des lamentations de l'exil, ne nous dit-il pas déjà clairement quels guides et quelle influence président à la conduite de l'émigration?

Mais il y a plus que des inductions. Ouvrons les Actes anciens des saints qui sont venus de l'île s'établir en notre péninsule, tous y arrivent avec des armées de disciples : saint Tudual en avait soixante-douze, saint Léonore soixante-treize, saint Brioc (ou Brieuc) cent soixante-huit[2], etc. Ces chiffres élevés eussent déjà pu faire soupçonner aux historiens que les émigrations de nos saints étaient plus que des émigrations individuelles ; mais parce que les légendes[3] citent toujours les clercs en première ligne et ne donnent jamais le chiffre des émigrants laïques dont ceux-ci se trouvaient accompagnés, ils se sont apparemment imaginé que les

[1] « Alii transmarinas petebant regiones cum ululatu magno, ceu celeusmatis vice hoc modo sub velorum sinibus cantantes : *Dedisti nos tanquam oves escarum, et in gentibus dispersisti nos.* » Gild., *de Excidio*, cap. 25, édit. Stevenson. Il faut renoncer à rendre l'harmonie lamentable de l'*ululatu magno*.

[2] Voy. D. Lobineau, *Vies des Saints de Bret.*, in-f°, p. 56 ; et Bolland., *Acta sanctorum*, t. I, Maii, p. 93 et t. I, Julii, p. 121.

[3] Ce mot n'est pris ici dans aucune acception défavorable, mais comme simple synonyme d'*Actes des saints*.

bandes venues en Armorique à la suite des saints de l'île de Bretagne étaient purement ecclésiastiques. Grande erreur, comme on
va le voir, et là-dessus nous en appelons aux légendes elles-mêmes.
Dans les Actes de saint Paul Aurélien, premier évêque de Léon,
on lit ce qui suit, au sujet du passage de ce saint en Armorique :

« Il avait avec lui douze prêtres du Christ, beaucoup d'autres
« personnes qui lui étaient attachées, soit par les liens du sang,
« soit par ceux de l'affection, et un nombre d'esclaves propor-
« tionné [1]. »

Ce n'est donc pas seulement leurs disciples, leurs clercs, que les
moines et les évêques de l'île de Bretagne emmènent avec eux sur
le continent : c'est aussi leurs parents, leurs amis, les serviteurs
de leurs amis et de leurs parents. Et l'on sait comme est compré-
hensif chez la race bretonne ce terme de *parents* : au Xᵉ siècle,
dans les lois Cambriennes, les liens de la parenté *légale*, déjà sans
doute plus restreinte qu'au VIᵉ siècle, s'étendaient jusqu'au dix-
huitième degré [2]. On peut juger par là de l'importance des émigrations dirigées par nos saints. Et le fait relevé dans la vie de
saint Paul n'est point exceptionnel. On en retrouve plusieurs fois
la confirmation dans les légendes originales qui nous restent,
encore bien que ces légendes, aujourd'hui malheureusement en
petit nombre, soient généralement peu explicites. Les Actes de
saint Magloire, entre autres, nous disent formellement que saint
Samson (cousin de saint Magloire) passa en Armorique *cum tam
clericorum* QUAM LAICORUM *collegio* [3]. Et si l'on veut encore quel-

---

[1] Erant cum eo (S. Paulo) XII Christi sacerdotes, ejus fidei commilitones, et alii plures tam affinitate carnis quam caritatis affectu eidem sancto viro adhæ-rentes cum sufficienti mancipio. » Ap. Boll., t. II, Martii, p. 115.

[2] Les lois de Galles comptent les degrés de parenté en ligne collatérale à la manière de l'Église, c'est-à-dire qu'elles n'en comptent qu'un seul là où le Code civil en compte deux. Or les lois Cambriennes nous apprennent en maint passage, que la parenté ou le clan (*kenedl*) s'étendait jusqu'au neuvième degré, jusqu'à la neuvième génération, en remontant à l'auteur commun, c'est-à-dire jusqu'au dix-huitième degré dans le système du Code civil.

[3] « Avec une bande, une troupe (*collegium*) composée tant de clercs que de laïques. » Voy. Vit. S. Maglorii, ap. Acta SS. Ord. S. Bened., Sæc. Iᵒ, p. 223 ; et

que chose, non de plus concluant, mais de plus explicite, qu'on
lise les Actes de saint Teliau. — Une épidémie cruelle, connue
sous le nom de *peste jaune* [1], désolait la Cambrie, emportant les
hommes et les animaux, semant partout la mort. Saint Teliau,
évêque de Landaff, primat de tout le Deheubarth (South-Wales
actuel) tenta de fléchir le courroux céleste :

« Alors (nous disent ses Actes), grâce aux prières de saint Teliau
« et de plusieurs autres saints, la colère divine s'apaisa quelque
« peu ; et Teliau, sur un avertissement venu du ciel, se réfugia
« en des régions lointaines avec tous ceux que le fléau n'avait
« point encore moissonnés (*cum his qui residui fuerant*). Et voici
« comment cela s'accomplit. Un ange dit à Teliau : — Lève-toi,
« rassemble les débris de ta nation (*reliquias gentis tuæ*), et te
« mettant à leur tête va-t'en au pays d'outre-mer. — Saint Teliau
« se leva donc, et emmenant avec lui plusieurs évêques ses suffra-
« gants, et des personnes de toutes les classes, et des hommes et
« des femmes, il gagna d'abord le Cornwall ; puis de là, se rendit
« avec tous ses compagnons chez les habitants de l'Armorique qui
« lui firent un accueil empressé [2]. »

Ce texte n'a pas besoin de commentaire. Il y a, à la suite de
saint Teliau, non seulement des clercs, non seulement des parents
et des amis, mais des gens de tout sexe et de toute condition, une

---

aussi la Vie de S. Léonore, ap. Boll., t. I, Julii, p. 121 ; celle de S. Armel dans
Lobineau, *Vies des SS. de Bret.*, p. 79, et les Actes de sainte Ninnoc, ap. Boll.
t. I, Junii, p. 410 ; etc.

[1] « Flava pestis, » *Lib. Landav.*, p. 101, 123 : en gallois *y yall selen*; voy.
Usser, *Brit. Eccl. ant.*, p. 75.

[2] « ... Deinde ira Dei ad tempus pacata oratione ejus [Teliavi] aliorumque
sanctorum, cælitus admonitus est [Teliavus] et *cum his qui residui fuerant* recessit
in longinquas regiones... Et factum est ita, dicente angelo ad S. Teliaum :
« Surge, vade ultra mare, et congrega *reliquias gentis tuæ* ut te sequantur.... »
Surrexit igitur S. Telianus, adducens secum quosdam suffraganeos episcopos suos, et
cæterorum ordinum viros, cum utriusque sexus hominibus, viris et mulieribus ; et
devenit primitus ad Cornubiensem regionem [la Cornouaille anglaise].... Et inde
perrexit sanctus cum suis comitibus ad Armoricas gentes, et bene continuo sus-
ceptus est ab eis. » Vit. S. Teliavi in *Lib. Landav.*, p. 102, 103. Ce passage de
S. Teliau en Armorique eut lieu vers le milieu du VIe siècle.

nation ou au moins une tribu tout entière. Objectera-t-on qu'ici la cause de l'émigration c'est la peste jaune non l'invasion saxonne, l'épidémie non la guerre ? Cause pour cause, il n'importe, puisque le fait est le même et du même temps. Il s'agit toujours d'une émigration *outre mer* : et pourrait-on nous dire en quoi il eût répugné davantage aux Bretons de prendre pour guides leurs chefs ecclésiastiques quand ils émigraient devant la guerre, que quand ils émigraient devant la peste ?

Voici donc le résultat que nous pouvons constater.

Les émigrations de nos saints sont autre chose que des émigrations individuelles ou des émigrations purement ecclésiastiques. Ce sont des bandes véritables, des clans, et quelquefois des tribus que les moines et les évêques de l'île de Bretagne amènent avec eux dans notre péninsule ; — ou du moins de ces tribus et de ces clans ce que le fer et la peste ont épargné.

Et il n'est pas téméraire d'affirmer *qu'à chaque saint qui débarque en Armorique venant de la Grande-Bretagne, c'est une nouvelle bande d'émigrés qui débarque avec lui.* Fait laissé dans l'ombre jusqu'ici, et qui n'en sera pas moins très fécond quand on voudra étudier d'une manière sérieuse l'histoire de l'émigration bretonne.

Nous savons donc maintenant que, dans cette émigration, l'élément ecclésiastique et en particulier les saints, tiennent une place immense ; nous savons que les moines et les évêques de l'île de Bretagne ont partagé avec les chefs de guerre l'important privilège de guider sur les flots les barques des émigrants bretons ; nous savons pourquoi, enfin, de ces barques fugitives, par dessus le concert varié des lamentations individuelles, monte et s'élève, comme la voix du commandant, la solennelle psalmodie des chants ecclésiastiques.

II

Pour se rendre un compte exact de la part qui revient à l'élément religieux dans la formation de la société bretonne-armori-

caine, il est indispensable d'exposer d'abord en quelques mots
l'état où se trouvait notre péninsule, au double point de vue de la
civilisation *morale* et de la civilisation *matérielle*, lors de l'arrivée
des premières émigrations bretonnes.

La civilisation morale en était encore au druidisme. Les
missionnaires chrétiens, venus de Tours, avaient bien converti
les Rédons, les Namnètes, la partie *ouverte* de la péninsule (déjà
entamée d'ailleurs par le polythéisme romain), et fondé du IIIe au
Ve siècle les églises de Rennes et de Nantes. Quant à pénétrer
dans l'intérieur, quant à franchir cette ligne protégée par le
Couësnon, la Rance, la Vilaine, couverte par cette immense forêt
de Brékilien qui du voisinage de Rennes s'enfonçait au cœur de la
péninsule en rayonnant dans toutes les directions, les missionnaires gallo-romains, malgré de courageux efforts, n'en vinrent
jamais à bout. Derrière cette ligne de retranchements naturels, le
druidisme avait trouvé un asile impénétrable contre la persécution
des empereurs païens ; au commencement du Ve siècle (en 409)
la révolte des cités armoricaines, en lui rendant la plénitude de
sa liberté, vint lui donner une énergie nouvelle, lui prêter de nou-
velles forces contre l'invasion de la propagande chrétienne. Aussi
n'est-ce qu'en 465 que fut créé, à l'ouest de la Vilaine, le siège
épiscopal de Vannes. Et si la ville de Vannes était chrétienne, ne
croyez pas qu'il en fût de même des campagnes : la Vie de saint
Melaine nous prouve au contraire qu'au commencement du VIe
siècle, presque tous les Venètes étaient encore païens [1], c'est-à-dire
sectateurs du druidisme. C'était bien mieux dans le reste du pays
compris derrière la ligne de frontières naturelles dont je viens
de parler, puisqu'à la fin du VIe siècle la ville d'Aleth, avec son
territoire, était encore toute druidique, alors que Rennes possédait
des évêques depuis près de deux cents ans [2].

---

[1] « Erant enim tunc temporis Venetenses pene omnes gentiles. » *Vit. S. Melan.*, c. IV, ap. Boll. t. I, Januarii, p. 331.

[2] Cf. *Vit. S. Maclovii*, ap. *Surium, de Vitis SS.*, mense novembr., p. 331 ; et ap.
A. SS. O. S. B., sæc. I^o, p. 219. — Lobineau, *Vies des SS. de Bret.* in-f^o, p. 131,
134.

Or, qu'était-ce que le druidisme ? Nous ne nous enfoncerons pas bien avant dans cette épineuse matière. Ici nous ne cherchons qu'une chose : ce que pouvait le druidisme pour la civilisation morale ? Question au fond assez facile à résoudre.

La civilisation morale d'un peuple (car il faut s'entendre), c'est l'ensemble des notions morales connues, acceptées, pratiquées par les masses ; et nous appelons notions morales les idées, les principes que l'homme prend pour règle de ses actions, tant dans sa vie privée que dans sa vie publique. D'où il ressort que la base de toute vraie civilisation morale gît dans l'idée du juste et de l'injuste, dans la distinction du bien et du mal, dans la notion du devoir imposé à l'homme de faire le bien et de pratiquer la justice : ce qui implique la croyance au libre arbitre, puisque l'homme ne peut faire le bien que quand il a le choix libre entre le bien et le mal. Et quand nous parlons ici de devoir et de justice, il ne s'agit point d'une justice relative et bornée, d'un devoir qui n'oblige qu'envers une certaine classe d'hommes, comme par exemple envers ses coreligionnaires, ses concitoyens ; il s'agit d'une justice également applicable dans tous les temps et tous les lieux, d'un devoir qui oblige envers tous les hommes sans exception ; il s'agit de la notion absolue de devoir et de justice. Donc, quand un peuple croit à l'existence du juste et de l'injuste, à la distinction du bien et du mal, à l'obligation pour l'homme de faire le bien et de pratiquer la justice, là est la civilisation morale. Partout au contraire où cette croyance et cette pratique ne sont point descendues et répandues dans les masses, la civilisation morale est fausse ou incomplète, ou plutôt elle est nulle.

Partant de là, que pouvait le druidisme pour la civilisation morale ? Peu de chose, ce semble. — Les Druides dans leur doctrine religieuse admettaient, nous dit-on, l'immortalité de l'âme ; mais ils défiguraient cette vérité par la bizarre croyance de la métempsycose [1]. Ils admettaient aussi le dogme d'un Dieu unique ;

<hr>

[1] On a contesté que les druides admissent la métempsycose ; le fait ressort cependant clairement des divers passages des bardes gallois cités, entre autres, par

mais, autant qu'on en peut juger, ce Dieu était le *Fatum* des anciens,
la Fatalité souveraine, inflexible, sans entrailles, ou, comme dit
un vieux chant druidique armoricain, « la Nécessité unique, le
Trépas, père de la Douleur, rien avant, rien de plus [1], » — et
l'on sait quels homicides sacrifices ils offraient à cette divinité
farouche. On ne voit pas comment de ce dogme de la fatalité, base
de leur théologie, ils eussent pu arriver, en morale, à l'idée de
juste et d'injuste, à la distinction du bien et du mal, à l'obligation
pour l'homme de faire le bien et de pratiquer la justice, puisque
une telle doctrine morale implique nécessairement (comme on l'a
vu) la croyance à la liberté humaine, incompatible avec le dogme
de la fatalité. Eussent-ils d'ailleurs possédé une morale satisfai-
sante, qu'ils n'auraient pu la faire descendre dans les masses par
la raison que le druidisme était une religion *ésotérique*, c'est-à-
dire que le peuple n'en connaissait que le culte et les cérémonies
extérieures, la partie matérielle, tandis que le sens intime et philosophique de ces cérémonies, la doctrine supérieure, morale et théo-
logique, restait exclusivement réservée aux prêtres et aux adeptes [2].
Comment une telle religion, ne s'adressant de sa nature qu'à une
classe d'initiés nécessairement fort restreinte, eût-elle pu faire
comprendre et pratiquer par les masses les notions supérieures
du bien, du juste et du devoir? Pas plus que le polythéisme
romain, bien qu'il fût moins impur, le druidisme ne pouvait donc
rien pour fonder la civilisation morale.

La civilisation matérielle n'était point dans un état plus floris-
sant. Notre savant Le Huërou a démontré que, par suite des excès
de la fiscalité impériale, la dépopulation alla croissant dans l'empire depuis la fin du IIIᵉ siècle de l'ère chrétienne, et qu'à partir
de la même époque, un grand nombre de terres restèrent de tous
côtés sans culture, grâce aux vides immenses créés par cette dépo-

M. de la Villemarqué dans ses *Chants populaires de la Bretagne*, 3ᵉ édit., t. 1, p.
5, 17, 31, 36.
[1] La Villemarqué, *Chants pop. de la Bret.*, t. 1, p. 3.
[2] Cæsar, *de Bell. Gall.*, IV, 14.

pulation; encore bien que la politique romaine s'efforçât, mais vainement, de combler ces vi·les en transplantant dans l'empire et spécialement dans la Gaule des essaims de barbares arrachés par la guerre à leurs forêts d'outre-Rhin [1]. Ces résultats s'appliquent naturellement à l'Armorique, partie de la Gaule ; et les recherches de l'archéologie locale en confirment aussi la vérité, puisqu'on n'a trouvé jusqu'à présent, dans notre péninsule, aucun monument gallo-romain qui puisse se rapporter avec quelque certitude à une époque postérieure au règne de Constantin [2]. En outre (et ceci est peut-être plus concluant), un auteur nous apprend qu'au VIe siècle, dans cette triste Gaule déjà si dépeuplée par le fisc impérial, et dont les invasions barbares avaient encore accru la solitude et les désastres, la contrée où s'établirent les émigrés bretons, c'est-à-dire la péninsule armoricaine, passait elle-même pour le pays le plus solitaire et le plus dépeuplé [3]. Les consé-

---

[1] Voy. Le Huërou, *Institutions Mérovingiennes*, livre I, ch. VIII, et aussi les textes cités en note aux pp. 42, 50, 51, 115, 155, 156. — Un contemporain, Lactance, (*de Mortib. persecut.*, VII) a résumé par avance toute la thèse de Le Huërou dans ces paroles énergiques (il parle du règne de Dioclétien) : « Adeo major esse cœpera « numerus accipientium quam dantium, ut, enormitate indictionum consumptis « viribus colonorum, desererentur agri et culturæ verterentur in silvam. »

[2] Renseignement fourni par MM. Bizeul et de la Monneraye.

[3] Le texte est de Procope; comme aucun auteur n'en a fait l'application à l'histoire de la colonisation bretonne et qu'il est néanmoins d'une importance capitale dans la question qui nous occupe, je crois devoir le citer ici avec la traduction latine de Dom Bouquet :

Βρεττίαν δὲ τὴν νῆσον ἔθνη τρία πολυανθρωπότατα ἔχουσι.. ὀνόματα δὲ κεῖται τοῖς ἔθνεσι τούτοις Ἀγγίλοι τε καὶ Φρίσσονες καὶ οἱ τῇ νῆσῳ ὁμώνυμοι Βρίττωνες. Τοσαύτη δὲ ἡ τῶνδὲ τῶν ἐθνῶν πολυανθρωπία φαίνεται οὖσα, ὥστε ἀνὰ πᾶν ἔτος κατὰ πολλοὺς ἐνθένδε μετανιστάμενοι, ξὺν γυναιξὶ καὶ παισὶν ἐς Φράγγους χωροῦσιν. οἱ δὲ αὐτοὺς ἐνοικίζουσιν ΕΣ ΓΗΣ ΤΗΣ ΣΦΕΤΕΡΑΣ ΤΗΝ ΕΡΗΜΟΤΕΡΑΝ ΔΟΚΟΥΣΑΝ ΕΙΝΑΙ. Κἀἰ'απ'αὐτοῦ τῇ νῆσῳ προσκεῖσθαι φασίν

(Traduction) « Brittiam [Britanniam] insulam nationes tres numerosissimæ habitant... Angli, Frisones [les Saxons qui se rattachaient aux Frisons par des liens étroits d'origines] cognominesque insulæ Brittones. Tanta est hominum multitudo, ut inde singulis annis non pauci cum uxoribus liberisque migrent ad Francos qui

quences de cette dépopulation sont évidentes : faute de bras suffi-
sants, la plus grande partie des terres était tombée en friche, les
animaux domestiques revenus à l'état sauvage, les forêts en train
de tout envahir. Et cela est si vrai, qu'au IX⁰ siècle, après trois
cents ans d'efforts heureux accomplis (comme on va le voir) par
les chefs religieux de l'émigration bretonne, dans le but de restau-
rer en Armorique la civilisation matérielle, il restait encore néanmoins, au centre de la péninsule, des cantons où le premier travail du laboureur, pour cultiver la terre, consistait à abattre et
incendier les forêts qui couvraient le sol ¹.

Voilà où en étaient, dans notre péninsule, au temps où les émigrés bretons y abordèrent, la civilisation morale et la civilisation
matérielle. Relever celle-ci par les moyens que nous exposerons
tout à l'heure, créer celle-là en convertissant au Christ les derniers sectateurs du culte druidique, dont le zèle des missionnaires
gallo-romains n'avait pu vaincre l'obstination : telle fut l'œuvre
des moines et des évêques venus de la Grande-Bretagne à la tête
de leurs compatriotes émigrés.

in suæ ditionis solo quod DESERTIUS VIDETUR sedes illis ad·ribunt ; ex quo fieri dicitur ut sibi quoddam jus in insulam arrogent. • *Procop. de Bello Gothico*, liv. IV,
cap. 20, ap. Bouquet, *Rer. Gallic. et Francic. scriptor.*, t. II, p. 42. Procope écrit ici
(il le dit lui-même un peu plus bas) d'après les récits que faisaient à la cour de
Byzance les ambassadeurs des rois Mérovingiens, fils de Clovis, qui eurent comme
on le sait de fréquents rapports avec l'empereur Justinien, à l'occasion de leurs
expéditions en Italie. Inutile de relever les graves erreurs de ces récits : les ambassadeurs franks ignoraient la véritable cause des émigrations sorties de l'île de
Bretagne; ils exagéraient sciemment et manifestement, pour relever leur puissance
aux yeux de Justinien, l'importance de leur suprématie (purement honorifique et
nominale) sur les tribus bretonnes émigrées en Armorique. Mais ce qui n'en reste
pas moins démontré d'une manière incontestable par le texte qui précède, c'est que
la contrée où s'établirent les émigrés bretons du VI⁰ siècle passait aux yeux des
Franks pour la moins peuplée (ἐρημοτέραν) de toute la Gaule ; or, cette contrée,
on le sait, était précisément la péninsule Armoricaine.

¹ J'en trouve la preuve dans les *Actes des SS. de l'abbaye de Redon* écrits par un
disciple de S. Conwoion: le second livre de ces *Actes* est précédé d'une préface où
l'auteur, annonçant qu'il va reprendre la suite de ses récits, se compare au laboureur qui poursuit courageusement la série de ses travaux agricoles jusqu'à l'heure
où il a enfoui en terre la semence qui donnera, au printemps prochain, une abon-

III.

Il semble qu'une voix divine ait révélé d'avance aux ministres du Christ, chassés de leur patrie par le fer saxon, cette moisson spirituelle réservée sur le continent à leur charité apostolique, en échange des peines de l'exil. On retrouve dans toutes les légendes ce mystérieux pressentiment :

« Dans la nuit de la Pentecôte, saint Brioc, après avoir ter-
« miné l'office au chœur, fut surpris par un léger sommeil, du-
« rant lequel un ange lui étant apparu lui ordonna de passer dans
« la Bretagne continentale, pour éclairer ce pays des lumières de
« sa science et de sa vertu[1]. »

Et dans la légende de saint Léonore :

« Un jour qu'on lisait devant Léonore l'évangile où le Seigneur
« nous dit : *Si vous ne quittez votre père et votre mère, vous n'en-*
« *trerez point au royaume des cieux,* — le saint se mit à songer
« aux moyens de devenir réellement le disciple du Christ ; et
« alors une voix venant à lui : « Léonore, ami de Dieu (dit-elle),
« tes pensées sont bonnes ; ne tarde pas, va-t'en au delà des
« mers, car il y a là des peuples qui t'attendent pour les retirer
« des ténèbres de l'idolâtrie[2]. »

Cet appel d'en haut fut entendu, et les ouvriers ne manquèrent point à l'œuvre. Les nommer tous serait trop long, nous nous bornerons aux principaux. Parmi les premiers en date on trouve

dante récolte. Voici comme il développe cette comparaison : « Sicut enim bonus agricola terram suam exercet, primitus silvas excidit, truncos incendit ; postea aratrum bene aptat, terram aperit, sulcos dirigit ; dehinc domum revertitur, nec multo post ipsam terram coæquavit, deinde semina ex ordine jactat, ut bene crescant, et fructum copiosum exinde capiat.. Ita et nos similiter, etc. » Dans D. Morice, *Preuves,* I, col. 242.

[1] *Acta S. Brioci* ap. Boll., t. I, Maii, p. 93.
[2] *Vit. S. Leonor.* ap. Boll., t. I, Julii, p. 125. — Voy. aussi *Vit. S. Pauli Aureliani,* c. III, ap. Boll., t. II, Martii, p. 116.

saint Corentin, premier évêque de Kemper [1], auquel on peut
joindre saint Ronan, bien qu'il fût Irlandais [2]; saint Gweng-
waloë (ou Gwennolé), qui sanctifiait les pierres druidiques de
la Cornouaille en y sculptant la figure de la croix [3], et qui est
surtout célèbre pour avoir fondé à Landevenec le plus ancien
des grands monastères établis en Armorique par les Bretons émigrés. Landevenec a été, au commencement du VIe siècle, le
foyer le plus actif de la propagande chrétienne dans les régions
occidentales de notre péninsule; de là sortirent des essaims
de missionnaires et de solitaires, pour aller porter aux popu-
lations gauloises de la Cornouaille la lumière de l'Évangile:
nommons, entre autres, saint Dey établi sur la rivière d'Aulne,
dans un petit monastère (*loc*) qui a pris de lui le nom de Loc-Tey
(auj. Lothey); saint Ediunet, qui vivait sur le mont Nin, au pied
duquel s'est bâti, sous le patronage du pieux moine, la ville de
Castel-Nin ou Castellin (auj. Châteaulin); saint Martin et saint
Valay (*Biabilius*), fixés à Ermelliac (auj. Irvillac), dans le *pagus*
du Fou; le vénérable père Rasian, barde et missionnaire, pro-
tecteur du pays de Scaer et de Tourch, encore célébré de nos
jours dans un beau chant populaire de la Cornouaille; saint Tudi
dont l'ermitage, situé vers l'embouchure de l'Odet, au fond d'une
petite baie ombragée de bois séculaires, a laissé son nom à la
paroisse de Loc-Tudi et à l'île pittoresque d'Enez-Tudi [4]; saint

[1] Voy. au *Cartul. de Landevenec*, ms. de la biblioth. de Quimper, fo 90 ro, un
fragment de poème latin inédit intitulé *De altitudine et nobilitate Cornubiæ*.

[2] Il semble y avoir toutefois quelque incertitude sur la patrie de saint Ronan,
car un chant populaire publié par M. de la Villemarqué (t. II, p. 402-403) le fait
naître « dans l'île d'Hibernie, au pays des Saxons. » Or ce nom de pays des Saxons
(Bro-Zaoz) désigne constamment, dans la langue des Bretons du continent, la
Grande-Bretagne d'où les avaient chassés les Anglo-Saxons.

[3] *Cartul. Landeven.*, ap. D., Morice, *Preuves*, t. I, col. 179.

[4] Suivant Albert Le Grand, au Catalogue des évêques de Quimper; car Lobineau
fait de saint Tudi un disciple de saint Maudez. Mais on ne peut douter que saint
Tudi ait été un saint cornouaillais; et comme saint Maudez habitait la presqu'île
de Tréguier, l'opinion d'Albert Le Grand me semble ici préférable, — à moins
qu'il n'y ait eu deux saints Tudi.

Rioc, établi à Lanriec ; saint Winwoud, saint Gozian, et une
foule d'autres plus obscurs encore ; humbles ouvriers de l'Évangile
dont les bras ont planté au profond de la terre de Cornouaille cet
arbre vigoureux de la morale et de la civilisation chrétiennes, qui
y porte encore de nos jours des fruits si généreux [1].

Dans le Léon, nous rencontrons en première ligne saint Paul
Aurélien, premier évêque et principal apôtre du pays, qui d'une
main renversait les grossiers monuments du culte druidique et de
l'autre couvrait toute la contrée d'églises et de monastères [2] ; puis
saint Arthmaël (Armel ou Arzel), cousin de saint Paul, qui, finit
par aller s'établir dans l'évêché de Rennes et prêcha la foi chrétienne par toute la péninsule [3] ; saint Sané, apôtre et patron de la
paroisse de Plou-Sané, où l'on voyait encore, au temps d'Albert
Le Grand, les deux croix que planta le saint à son arrivée dans le
pays, pour en prendre possession au nom du Christ, et l'autel de
pierre où il célébra sa première messe [4].

Dans le pays de Vannes, le célèbre Gildas : il évangélisa tout le
littoral depuis la presqu'île de Ruis jusqu'au Blavet ; et plus
avant dans les terres, saint Goneri, ermite de la forêt de Branguili,
qui convertit à la foi chrétienne un petit chef des environs, appelé
Alvandus, dont le nom dénote l'origine gallo-romaine ou, si l'on
veut, gauloise-armoricaine [5].

Au nord de la péninsule, l'illustre saint Tudual, évêque, fonda-

---

[1] Sur tous ces personnages (sauf saint Tudi), cf. Lobineau, *Vies des saints de
Bretagne*, p. 47. — *Cartul. Landeven.*, ms., f 141 R°, 147 V°, 153 V°; et ap. D.,
Mor., Pr., I, 178, 179. — La Villemarqué, *Chants pop. de la Bret.*, t. I, p. 89 et
suiv., *Chant sur le Poète d'Elliant*.

[2] Destructa sunt igitur templa idolorum, quia per totam Britanniam, Paulo
doctore, effulsit claritas operum bonorum. Nam quique insignes certabant creatori
Deo ecclesias fabricare, monasteria construere... Confundebatur, si quis paganus
inveniebatur, Pauli sanctissimi signis mirabilibus et stupendis virtutibus; molliebat
perfidorum corda prædicatio sancta. » *Vit. Pauli Aurel.*, § 46, ap., Boll., t. II,
Martii, p. 119.

[3] D. Lobineau, *Vies des SS. de Bret.*, p. 80.

[4] Albert Le Grand, 2me édit. ; Rennes. 1659 ; pp. 77-78.

[5] Lobineau, *Vies des SS. de Bret.*, p. 82. Albert Le Grand, p. 115-116.

teur de Tréguier, avec son armée de disciples dont les plus connus sont saint Ruelin, saint Kirec, et surtout saint Briac qui fonda le monastère de Poul-Briac au milieu d'une forêt, sur un terrain à lui donné par Déroch, roi breton de la Domnouée, non loin d'une maison forte où ce prince résidait [1].

Le pays d'Aleth et de Dol paraît avoir été, avec celui de Vannes, la partie de toute la presqu'île où la population gauloise indigène se trouvait le plus compacte lors de l'arrivée des Bretons. La ville d'Aleth, par une exception remarquable en Armorique, était demeurée le centre d'un commerce actif et étendu [2], dont la prospérité retenait autour d'elle une population relativement considérable ; or, cette population était encore, vers le milieu du VIe siècle, presque entièrement païenne et druidique. Saint Léonore, saint Samson, saint Suliau (ou Suliac), travaillèrent avec succès à la conversion des campagnes environnantes [3] ; mais la ville persistait dans son idolâtrie : c'est à saint Maclow (vulgairement saint Malo) qu'il appartint de l'en retirer, vers 580. Voici comme les Actes du saint racontent cet événement.

Lors de son arrivée en Armorique, Maclow avait fixé sa demeure auprès d'un pieux ermite nommé Aaron, sur le rocher, solitaire alors, où s'élève aujourd'hui la ville de Saint-Malo. La ville d'Aleth, comme on sait, se trouvait en face, sur l'emplacement actuel de Saint-Servan. « Cette ville d'Aleth « (nous dit l'hagiographe), très peuplée à cette époque et « centre d'un grand commerce maritime, n'avait aucune connais- « sance de l'Évangile. Les rares chrétiens qui s'y trouvaient comme

[1] Lobineau, *Ibid.*, pp. 58–59 et 60. Albert Le Grand, p. 652. *Poul-Briac*, marais de Briac, auj. altéré en *Bourbriac*, Côtes-du-Nord, arr. de Guingamp.

[2] « Civitas ergo illa (Aletis), eo tempore, populis et navalibus commerciis frequentata, sed christiana fide erat vacua. » *Vit. S. Maclovii*, c. 10, ap. *A. SS. O. S. B.*, sæc. 1[o], p. 219. Voy. ci-dessous la traduction de ce passage.

[3] Voy. sur S. Samson, *Vit. S. Maclov.*, cap. XII, ap, *Sarium*, mense Novemb., p. 351 ; — sur S. Léonore, *Vit. S. Leonor.*, ap. *Boll.*, t. I, Julii, p. 121 —122 et p. 125 ; — sur S. Suliaw, *Vit. S. Suliaù*, ap. *Boll.*, t. I, Octobris, pp. 196 et 197.

« perdus dans la foule[1], allaient souvent conjurer Maclow de
« ne point laisser plus longtemps dans les erreurs de l'idolâtrie ce
« peuple immense qu'il lui était facile, par la parole et les œuvres,
« de convertir au Christ. Le saint hésitait, craignant de retomber
« encore dans les liens profanes du siècle auxquels il s'était sous-
« trait. Mais enfin, une voix céleste lui fait connaître qu'il devait
« se rendre aux prières qu'on lui adressait, et se préparer à prê-
« cher la parole de Dieu, parce que c'était là le peuple dont la vo-
« lonté divine lui avait destiné le gouvernement. On était alors à
« la veille des fêtes de Pâques. N'osant donc résister davantage aux
« ordres du Seigneur, le serviteur de Dieu se rend avec confiance
« dans la ville d'Aleth, gagne la petite chapelle que les chrétiens
« y avaient construite à leur pouvoir[2], célèbre la messe et com-
« mence d'annoncer la parole de Dieu. Le bruit en court aussitôt
« par toute la ville ; le peuple se porte en foule pour voir cet
« homme, pour entendre cette parole qui leur étaient également
« inconnus[3]. — Mais, pendant qu'il parlait, voici que sur
« la place publique où s'ouvrait la porte de la chapelle, passe un
« convoi funéraire. À cette vue, l'homme de Dieu reconnaît un
« moyen fourni par le ciel pour faire triompher la foi. Il ordonne
« aux porteurs de s'arrêter et de déposer le cercueil ; lui-même,
« interrompant sa prédication, accourt auprès du cadavre, s'age-
« nouille et, au milieu de l'attente universelle des assistants, prie
« Dieu du plus profond de son cœur. La prière achevée, tous deux
« se relèvent ensemble, le saint de la poussière où il s'était pros-
« terné, le mort des abîmes du trépas. A ce prodige, la foule

[1] « Pauci christiani qui in ea (civitate) latitabant. » *Vit. S. Maclov.*, ap. Mabillon, A. SS. O., S. B., sæc. Ier, p. 219.
[2] « Oratoriolum quod, pro posse, christiani construxerant. » *Vit. S. Maclov.*, Id., ibid.
[3] « Novum hominem visuri, nova verba audituri. » *Vit. S. Maclov.*, Id., ibid. — C'est bien là cette insatiable curiosité de la race gauloise, dès longtemps obser-vée par les écrivains de l'antiquité. *Novis rebus plerumque student*, etc., dit César, de Bell. Gall., IV, 5. Voy. aussi Diod. de Sicile, lib. v, et Michelet, *Hist. de France*, t. I, p. 4.

« des idolâtres, stupéfaite d'admiration, s'écrie qu'elle croit en
« Jésus-Christ, fils de Dieu, et tous, comme d'une seule âme,
« volent au sacrement de baptême[1]. »

Saint Maclow passa le reste de sa vie à assurer les fruits de
cette première conversion. Pendant ce temps, saint Samson et saint
Magloire, non contents de leurs travaux apostoliques sur le continent, convertissaient, en les civilisant, les îles du Cotentin[2], et
saint Mewen (vulgairement saint Méen), dans l'intérieur des terres,
évangélisait tout ce grand pays couvert de bois nommé par les
Bretons Poutrécoët, depuis les environs de Saint-Méen et de Montfort jusqu'à ceux de Ploërmel et de Malestroit[3].

Tels furent les principaux instruments de la conversion des
Armoricains à la foi chrétienne, et tous (sauf deux peut-être, saint
Ronan et saint Sané) appartenaient à l'émigration bretonne.

Il ne faut point croire d'ailleurs que cette conversion se soit
accomplie sans obstacles. Il y eut au contraire une lutte violente.
Le vieux druidisme défendit pied à pied cette terre où si longtemps

[1] Voy. *Vit. S. Maclov.*, c. 10 et 11, ap. Mabillon. A. SS. O. S. B., Sæc. 1ᵉ, p. 219.

[2] Cum quodam tempore in Resia insula (*Guernesey*) prædicaret (S. Samson),
veniente per annuam vertiginem kalenda januaria, qua homines supradictæ insulæ
hanc nequam solemnem [*leg.* solemnitatem] inepte, juxta petram abominabilem
consuetudinem, præ ceteris celebrare consueverant, ille providus spiritu, ob duritiam
eorum mitigandam, convenire eos omnes in unum fecit ac, Deo revelante, sermo ad
detestanda tam gravia mala fit. Tum hi omnes pravos ritus anathematizaverunt,
ac verum, juxta præcepta, tenus fine suscipere spoponderunt. Ille nihilominus
omnes parvulos, qui per insulam illam ob hanc nefariam diem discurrebant, vocavit
ad se, eisdemque singulis mercedem nummismunculi donavit, præcipiens in Dei
nomine ne ulterius ab illis hæc sacrilega consuetudo servaretur. Quod ita, Deo
operante, factum est ut usque hodie ibidem spiritales joci ejus solide et catholice
remanserint. » *Vit. S. Samson.* lib. II, c. 13, ap. Mabillon, A. SS. O. S. B., Sæc.
1ᵒ, p. 184. — Sur saint Magloire cf. *Vit. S. Maglor.*, passim, ap. Mabillon, *ibid.*
p. 223 et suiv., et la brochure du savant M. de Gerville intitulée *Recherches sur les
îles du Cotentin et sur la mission de saint Magloire*, in-8ᵒ, Valognes, imprimerie de
veuve H. Gomont, 1846.

[3] J'emploie ici, bien entendu, les noms modernes pour être plus facilement
compris. La prédication de saint Méen est attestée par une tradition populaire que
j'ai trouvée, entre autres, dans les communes de Saint-Abraham et de La Chapelle,
entre Ploërmel et Malestroit.

il avait dominé sans rival. La prédication évangélique s'adressait à tous sans distinction : les druides alors, pour la première fois, tentèrent de répandre leurs doctrines dans les masses, sous la forme d'une exposition populaire, et ils écrivirent cette exposition en vers, pour qu'elle restât plus aisément dans la mémoire [1].

Le succès de cette tentative fut minime, mais ne parvint pas toutefois à les décourager. Pendant que les missionnaires chrétiens, suivis d'une foule toujours croissante offraient au Dieu nouveau leurs mystiques sacrifices, on les vit, eux, comme par le passé, les druides et les bardes, tant qu'il leur resta un dernier fidèle, célébrer dans les forêts leurs rites étranges, chercher par les campagnes les herbes magiques pour composer leurs philtres [2], prophétiser l'avenir d'une voix inspirée et dévouer aux malédictions les plus terribles leurs ennemis triomphants. La personnification la plus complète de ces derniers défenseurs du druidisme armoricain, c'est le barde Gwenc'hlan, dont la mémoire est restée si profondément empreinte dans la tradition populaire [3]. Il habitait la presqu'île actuelle de Tréguier, « entre Roc'h-Allaz et Porzgwenn, » nous dit-il lui-même, et se retirait souvent sur le Menez-Bré pour s'y recueillir dans son inspiration solitaire : de là, il envoyait à ses ennemis les menaces les plus sanglantes et à ses contemporains la révélation prophétique du plus lointain avenir.

---

[1] Je fais allusion ici au chant druidique armoricain intitulé *Les Séries*, traduit et savamment commenté par M. de la Villemarqué, qui donne aussi dans ses notes une contre-partie latine et chrétienne de ce chant, extrêmement curieuse. Voy. *Chants pop. de la Bret.*, t. i, pp. 1-28, et Courson, *Hist. des Peuples Bretons*, t. I, pp. 56-58.

[2] Voy. le chant intitulé *Merlin-Devin* (Marzin-Divinour) dans La Villemarqué, *Chants pop. de la Bret.*, t. I, pp. 100-103.

[3] M. de la Villemarqué, dans la première édition de ses *Chants populaires* (t. I, Introduction), a tenté de prouver, au moyen d'un passage des *Genealogiæ regum Saxonum* (attribuées à tort à Nennius), que Gwenc'hlan était un Breton insulaire : l'argumentation ne semble pas concluante, et du reste l'auteur paraît en avoir porté le même jugement, car il l'a supprimée dans sa 3ᵉ édition. Notre raison de faire de Gwenc'hlan un Armoricain, c'est que les traditions qui le concernent n'existent qu'en Armorique et y sont fort abondantes.

C'est lui qui, dans sa haine furieuse contre les chrétiens, s'écriait :

« Un jour viendra où les hommes du Christ seront poursuivis ;
« on les huera comme des bêtes fauves. Ils mourront tous par
« bandes sur le Menez-Bré, par bataillons ! Alors la roue du mou-
« lin moudra menu ; le sang des moines lui servira d'eau. »

Et ailleurs, « conviant au milieu de la nuit les aigles du ciel à
un horrible festin de ses ennemis, il leur fait tenir ce langage :
« Ce n'est point de la chair pourrie de chiens ou de moutons,
« c'est de la chair chrétienne qu'il nous faut! » C'est lui enfin qui,
au terme de sa carrière, se décernant par avance l'apothéose due,
selon lui, à la grandeur de son génie prophétique, disait avec
complaisance :

« L'avenir entendra parler de Gwenc'hlan. Un jour, les Bretons
« élèveront leurs voix sur le Menez-Bré, et ils diront en regardant
« cette montagne : Ici habita Gwenc'hlan, et ils admireront les
« générations qui ne sont plus, et les temps dont je sus sonder la
« profondeur [1] ! »

Mais en vain, dans leur présomptueuse confiance, les druides se
promettaient ainsi à eux-mêmes la possession de l'avenir ; ils
étaient condamnés ; et pendant qu'ils continuaient encore le vain
appareil de leurs rites bizarres et de leurs prophéties haineuses,
déjà la voix populaire (les personnifiant à tort ou à raison sous le
nom célèbre de Merlin) leur criait :

« Merlin ! Merlin ! revenez sur vos pas : laissez le gui au chêne
« et le cresson dans la prairie, comme aussi l'herbe d'or, comme
« aussi l'œuf du serpent marin parmi l'écume dans le creux du
« rocher. Merlin! Merlin ! revenez sur vos pas : *il n'y a de devin*
« *que Dieu* [2] ! »

---

[1] Voir ces divers passages extraits de Gwenc'hlan dans La Villemarqué, Ch.
de la Bret., t. I, Introduction, pp. xv et xvi, et dans le corps de l'ouvrage, pp. 35, 37,
38. M. de la Villemarqué a en outre rassemblé sur le barde de nombreux détails
que l'on trouve dans le même vol., Introd., pp. x111-xvi, et plus loin le chant intitulé
Prédiction de Gwenc'hlan, pp. 29-38.

[2] Chant de Merlin-Devin, dans La Villemarqué, Id., Ibid., pp. 100 et 102.

Et toutefois encore il y eut plus d'un retour; les nouveaux convertis, leur première ferveur passée, se rebellèrent plus d'une fois contre le joug de l'austère morale chrétienne; plus d'une fois, tramant l'intrigue, excitant habilement les mauvaises passions des masses, on vit les druides tenter de reprendre leur antique puissance et tout près d'y réussir. C'est ainsi que saint Tudual fut contraint de s'exiler pendant deux ans du pays qu'il avait évangélisé et où il avait fixé sa principale résidence : on ne s'en étonnera point si l'on songe que ce pays était précisément celui du farouche Gwenc'hlan. C'est ainsi que Maclow lui-même fut chassé de sa ville épiscopale par les fils de ces Aléthiens qu'il avait convertis. L'histoire en est curieuse et vaudrait la peine d'être racontée en détail si nous en avions le loisir. Du reste, le druidisme était si bien mort qu'il ne sut même pas profiter de ces retours de fortune, et Tudual et Maclow furent rappelés avec larmes, quelques années après, par ceux mêmes qui les avaient chassés [1].

Au commencement du VIIe siècle, l'Évangile régnait seul dans la péninsule Armoricaine. La civilisation morale était fondée. Pour en assurer le développement, les missionnaires chrétiens établirent des écoles. Ces écoles se tenaient dans les monastères; l'enseignement y avait principalement (non entièrement toutefois) pour objet la science de la morale chrétienne et des saintes Écritures. Mais cet enseignement n'avait point pour but unique de préparer ceux qui le recevaient à la vie monacale ou ecclésiastique; on le donnait aux laïques tout aussi bien qu'aux clercs et aux moines [2]; on le donnait à une foule de jeunes adolescents, nobles ou plébéiens, dont beaucoup rentraient ensuite dans le monde après avoir reçu les premiers éléments des connaissances humaines. En un mot, dans la plupart des monastères il y avait, à

[1] Sur saint Tudual voy. Lobineau, Vies des SS. de Bret., p. 58-59-60. Sur saint Maclow voy. Vie de saint Maclow, capp. XIII, XIV, XII et XXIV, ap. Surium, de Vitis Sanctorum mense novembr., pp. 352, 353, 354.

[2] « Sic clericos, sic monachos, sic etiam laïcos doctor egregius (Gildas) instruebat. » Vit. S. Gild., c. 18; ap. Mabillon, A. SS. O. S. B., sæc. Ie, p. 144.

côté de l'institut monastique et clérical, un institut scholastique très différent dans son but et son organisation, et auquel les anciens Actes donnent le nom tout spécial de *collegium scholasticorum* [1]. Les mieux connues de ces écoles sont celles de Budoc dans l'île Verte, à l'embouchure du Trieu, où fut élevé saint Gwennolé ; celle de Gildas à Ruis ; celle de saint Magloire dans l'île de Serk ou de Jersey [2], etc. On a déjà parlé du monastère de Landevennec et des disciples de saint Gwennolé qui en sortirent. Il faut se borner à ces brèves notions ; le détail nous entraînerait d'autant plus loin que la matière est plus inexplorée ; il serait nécessaire, pour la traiter, d'étudier les institutions analogues de l'île de Bretagne. C'est un curieux sujet que je recommande aux amateurs de nos antiquités historiques.

Voyons maintenant ce que firent les saints Bretons pour relever, dans notre péninsule, la civilisation matérielle.

---

[1] « Contigit ut quidam de scholasticorum collegio transiret, etc. » *Vit. S. Guengual*, auctore Gardestino, lib. 1, chap. XI, in *Cartul. Landaven.* ms.

[2] Sur l'école de Budoc, *Vit. S. Guengual.* supracit. lib. 1, cap. IV, V, VII et XI. — Sur l'école de S. Gildas: « Vicini quique se noti ejus tam prope quam longe cuperunt hinc et inde ad eum venire et ejus magisterio et doctrina commendare filios suos erudiendos, quos omnes libenter suscipiens spirituali eruditione erudiebat. Veniens itaque ad quoddam castrum in monte Rouvioil in prospectu maris situm, ibi potiora fabricus construxit monasterium, etc. » *Vit. S. Gild.*, cap. 16, ap. Mabillon, A. SS. O. S. B. Saec. 1e, p. 143, et ap. D. Mor., Pr., 1, 100. — Sur l'école de S. Magloire : « Præfatus vir (S. Maglorius), inter ceteras virtutes, litteralibus studiis satis erat imbutus... Finito autem convivio, quidam monachorum, more solito, orandi vel legendi seu etiam quiescendi gratia secreta latibula, quidam vero (quisque prout sibi injunctum erat) diversa petiere negotia. Tunc parvuli monachi, nobili prosapia editi, (c'étaient, comme on va le voir de véritables écoliers) terra tenus provoluti S. Maglorii pedes amplexati sunt dicentes : « Beatissime Pater, permitte nobis portam atque littas adire, ut garrulitas nostra, vocis monachis quiescentibus somnum non possit eripere, et ut securius alta voce legentes nostras lectiones valeamus [memoria] commendare. » Quam petitionem beatus vir grananter accipiens, dixit, etc. » *Vit. S. Magler.*, capp. 21 et 24. ap. Mabillon, A. SS. O. S. B. Saec. 1e, p. 228. — Voy. aussi, sur l'école de S. Hervé, Lobineau, *Vies des SS. de Bret.*, p. 112, etc.

III

Il ne semble pas qu'il y ait eu de clergé séculier chez les Bretons d'Armorique avant le IXe siècle. Qu'ils vécussent en solitaires ou en cénobites, tous les prêtres, ou pour mieux dire, tous les clercs (car beaucoup n'étaient point prêtres) s'astreignaient rigoureusement à la pratique des trois préceptes qui sont l'essence du monachisme : la chasteté, la pauvreté et l'obéissance. Bien qu'il n'y eût point de règle uniforme adoptée par tous les monastères bretons, comme l'était dans le reste de l'Occident celle de saint Benoît ; bien que chaque fondateur de communauté fixât librement le code disciplinaire qui devait être observé dans sa maison [1], il serait possible, en comparant les Actes de nos divers saints, d'en extraire un ensemble de prescriptions ou de pratiques semblables, qui formeraient en quelque sorte le corps du droit commun monastique usité chez les Bretons. Ce n'est point ici le lieu de faire cette recherche, puisque nous n'étudions pas l'histoire *interne* de l'Eglise bretonne, mais seulement son influence sur la formation de la société bretonne-armoricaine. Aussi nous suffira-t-il de mentionner, en ce moment, une seule de ces prescriptions communément suivies dans tous les monastères bretons : l'obligation du travail manuel.

Elle existait dans l'île de Bretagne ; les auteurs les plus anciens, Bède entre autres [2], nous l'apprennent ; elle fut apportée en Armorique dès les premiers temps de l'émigration. Non seulement on l'y

[1] Au moins dans l'origine, car il paraît qu'au VIIe siècle, la règle des moines d'Irlande, apportée en Gaule par S. Colomban, fut adoptée par un certain nombre de monastères bretons. Voy. le diplôme de Louis-le-Débonnaire pour l'abbaye de Landevenec, dans D. Morice, *Pr.*, i, 228.

[2] Bède dit, en parlant du monastère de Bangor-Iscoed : « Tantus fertur fuisse numerus monachorum, ut cum in septem portiones esset cum præpositis sibi rectoribus monasterium divisum, nulla harum portio minus quam trecentos homines haberet, qui omnes de labore manuum suarum vivere solebant. » Bed. *Hist. eccl. gent. Aug.*, lib. ii, cap. 2.

voit mise en pratique par tous les saints des V° et VI° siècles, mais on la trouve imposée comme un précepte formel et impérieux. — « Celui qui ne travaille pas, » dit saint Léonore en usant des paroles de l'apôtre saint Paul, « celui qui ne travaille pas ne doit pas « manger, car l'oisiveté est fatale à l'âme humaine. » Et ce disant, il allait à la tête de ses moines défricher les forêts armoricaines [1]. Ailleurs, lorsque saint Gwennolé quitte son maître Budoc pour fonder avec onze autres cénobites le monastère de Landevenec, voici comme le vieux Budoc rappelle aux disciples chéris dont il se sépare les pratiques essentielles et obligatoires de la vie monacale « Vaquez, leur dit-il, vaquez à l'*étude* avec humilité, sans jamais « vous enorgueillir de votre science. Soumettez-vous, dans l'abais- « sement et la contrition de vos cœurs, à l'accomplissement des « *œuvres manuelles*. Adonnez-vous à la *prière* en ayant soin d'ob- « server avec constance les jeûnes et les veilles, conformément à « la règle tracée par l'antique tradition des Pères. Je n'ajouterai « rien de plus. En ces trois préceptes se trouvent contenues toutes « les obligations de cette vie monastique que vous embrassez [2]. » On le voit, le travail manuel n'est pas moins obligatoire que l'étude et la prière. Un peu plus loin, Gwennolé enseigne lui-même à ses disciples que pour vaincre les attaques du démon, il faut joindre au jeûne et à la prière la pratique assidue du travail manuel [3]. Aussi voyons-nous qu'à Landevenec, chaque membre de la commu- nauté était pourvu d'une profession manuelle et devait gagner le

[1] « Tum sanctus (Leonorius), monens fratres ut laborarent, dixit eis : « Qui non « laborat non manducet, quia otiositas inimica est animæ. » Post hæc perseverant se fratres ad laborandum, etc. » *Vit. S. Leonor.* ap. Boll. t. i Julii, p. 125.

[2] « Lectioni cum humilitate.... vacate. Operi manuum cum cordis contritione et « humiliatione.... inservite. Orationi, cum jejuniorum vigiliarumque continuata « secundum regularem et antiquam Patrum traditionem moderatione, instate. Quid « igitur ulterius immoror ? *In his etiam tribus sententiis omnia, quæ hujus vitæ* « quam capitis pertinent commodis, continentur. » *Vit. S. Guengual.* lib. i, cap. 21, in *Cartul. Landeven.* ms.

[3] « Nisi per orationem et jejunium, cum *opere manuum frequentato*, et per mortis « æternam recordationem.... expelli (antiquus hostis) nequaquam potest. » *Ibid.*, lib. ii, cap. 1, in *Cartul. Landeven.* ms.

pain de chaque jour à la sueur de son front [1]. On retrouve cette pratique du travail manuel dans la vie de nos plus illustres saints : Gildas broyait lui-même sous la meule le froment dont il se nourrissait ; saint Samson, saint Teliau, saint Maclow, plantaient et taillaient de leurs mains les arbres fruitiers ; saint Mewen était bûcheron et charpentier ; saint Léonore, saint Suliau et une foule d'autres labouraient la terre [2], etc.

L'agriculture fut le principal objet auquel les moines bretons appliquèrent ce travail manuel dont leurs règles leur imposaient l'obligation. La péninsule armoricaine étant alors presque entièrement couverte de bois, la plupart des saints venus d'outre-mer s'établirent au milieu des forêts. Citons, à titre d'exemples, saint Mewen dans la forêt de Brékilien (au monastère de Saint-Jean-de-Gaël, aujourd'hui Saint-Méen) ; saint Suliau établi au milieu des bois, sur la rive droite et presque à l'embouchure de la Rance ; les monastères de saint Léonore (à Saint-Lunaire, Ille-et-Vilaine), de saint Brioc (à Saint-Brieuc), de saint Briac (à Bourbriac) ; de saint Hervé et saint Urfoëd, à Lanhouarneau, dans la forêt de Dana ; le premier monastère de saint Paul Aurélien, sur la côte occidentale du Léon (à Lampaul-Plouarzel ou à Lampaul-Ploudalmezeau, cette dernière situation semble la plus probable) ; celui de saint Gouëznou, à Langouëznou (aujourd'hui Gouëznou, près Brest) ; saint Tinidor ou Tenenan, dans la forêt de Beuzic, sur l'Elorn ; la fameuse abbaye de Landevenec, fondée par saint

[1] « Talis autem ars unicuique eorum dabatur, ut ex opere manuum quotidiano.... se posset in victu necessario continere. » Ibid., lib. II, ch. 12, ap. D. Mor., Pr., I, col. 227-228.

[2] « Molam quoque fecit (S. Gildas), cui triticum immisit ac manu vertit. » Vit. Gild., cap. 17, ap. Mabillon, A. SS. O. S. B. sæc. I° p. 143. — Sur S. Maclow, Vit. S. Maclov., cap. XV ap. Surium, mense Novembr., p. 352. — Sur S. Samson et S. Teliau, Vit. S. Telavi, ap. Librum Landevensem, p. 103. — Sur S. Léonore, voy. le passage cité plus haut, — et sur S. Suliau, Vit. S. Sulini, ap. Boll., t. I Octobre, p. 196. — Quant à S. Méen (Mewen), le fait résulte d'une tradition qui existe dans la paroisse de Talensac, près Montfort, et suivant laquelle le saint aurait construit l'église même de Talensac. — Voy. encore sur cette pratique du travail manuel la vie de S. Goueznou dans Lobineau, Vies des SS. de Bret., p. 113, etc., etc.

Gwennolé au fond de la rade actuelle de Brest, dans une petite presqu'île couverte de bois ; saint Ronan, dans la forêt de Névet (au lieu où se trouve Loc-Ronan) ; saint Goneri, dans la forêt de Branguili (Morbihan) ; le monastère de Coetlohem (*Monasterium Nemoris*, disent les actes), fondé par saint Gildas sur la côte du pays de Vannes [1], etc., etc. Tout autour de leurs établissements, les saints et les moines brisaient ce réseau envahisseur de bois et de halliers ; puis ils défrichaient, labouraient, ensemençaient et remplaçaient les chênes par les moissons. Sortons des généralités et prenons un exemple qui nous fera voir comment les choses se passaient d'ordinaire. La légende de saint Léonore renferme sur ce sujet de curieux détails.

Léonore, revêtu dans la Cambrie des fonctions épiscopales, passa en Armorique à la tête d'une bande considérable de moines et de laïques. Il s'établit sur la côte septentrionale, entre l'embouchure de la Rance et celle de l'Arguenon, au bord d'un ruisseau où la mer remonte, et qui tombe lui-même dans une petite baie, défendue contre les vents d'ouest par un long sillon de roches abruptes qu'on appelle aujourd'hui la pointe du *Décollé*. Cette côte était alors inhabitée, inculte, occupée par une vaste forêt : les émigrés y vivaient péniblement de leur chasse et de leur pêche. Un jour enfin, comme Léonore s'était retiré à l'écart pour prier, un petit oiseau voletant vint se poser tout près de lui, un épi de blé au bec. Cette vue fut pour le saint une joyeuse nouvelle : il y avait donc sur cette côte sauvage un lieu où le blé pouvait croître, où il en croissait encore quelques épis. Il appelle aussitôt l'un des moines qui l'accompagnaient, lui ordonne d'épier, de suivre la direction que va

---

[1] Pour la justification de cette série de faits, voy. les Vies des saints ci-dessus énumérés, soit dans les Bollandistes (saint Gildas, 29 janvier. — Saint Gwennolé, 3 mars. — Saint Paul Aurélien, 12 mars. — Saint Brioc, 1ᵉʳ mai. — Saint Léonore, 1ᵉʳ juillet. — Saint Sulian, 1ᵉʳ octobre) ; soit dans Lobineau, *Vies des SS. de Bret.* (aux articles saint Mewen, saint Hervé, saint Goueznou, saint Tenenan, saint Ronan, saint Goneri, saint Brioc) ; soit dans Albert Le Grand (aux articles saint Brioc, saint Goneri) ; soit dans Mabillon, *A. SS. O. S. B.*, Sæc. 1ᵉ (Vie de saint Gildas), etc., etc.

prendre l'oiseau, et de chercher, sur cet indice, le bienheureux champ de blé. L'oiseau complaisant l'y mena tout droit [1]. C'était une clairière dans la forêt, où s'étaient conservés en se ressemant d'eux-mêmes quelques pieds de froment, dernier reste d'une riche culture disparue de ces lieux avec les habitants qui l'y avaient apportée. A la nouvelle de cette découverte, la communauté entière chanta à Dieu un solennel cantique d'actions de grâces, comme pour le plus signalé bienfait ; et le lendemain tous les cénobites, leur chef en tête, se mirent en train de jeter bas la forêt.

Ce fut un rude labeur : les moines se levaient chaque nuit au chant du coq, célébraient matines, et dès l'aube se rendaient au travail, d'où ils ne revenaient ensuite qu'à trois heures de l'après-midi, pour passer le reste du jour en prières et en exercices religieux. La besogne se prolongea, et la fatigue devint telle que les pauvres moines, perdant courage, vinrent supplier Léonore d'abandonner cette terre rétive pour chercher ailleurs un lieu où ils pussent gagner leur vie avec moins de peine. Mais le saint inflexible : « Ceci est, leur dit-il, une tentation du diable ; prenez courage, « et fortifiez-vous en Dieu [2]. » Ces paroles furent écoutées, et, pour récompenser leur constance, les moines, peu de temps après, se rendant un matin à l'ouvrage, trouvèrent la forêt entièrement abattue et déjà même en partie entraînée par la mer. Le biographe

---

[1] Voici comme les actes de saint Lunaire, donnés par les Bollandistes racontent cet épisode : « Cum Leonorius in secretiori loco oraret, ecce unus passer spicam frumenti in ore tenens. Hoc videns, S. Leonorius signum crucis fecit dicens : « Domine Deus, te adoro, te laudo, te benedico, et tuam precor misericordiam ut non sit hoc mihi pro tentatione dæmonum. » Et cum hoc dixisset, avis volans ante pedes ejus descendit, et advocans unum de suis fratribus dixit volueri : « In nomine J. C. magistri mei, præcipio tibi ut antecedas istum Dei famulum usque ad locum de quo abstulisti spicam. » Avis autem volabat ; frater secutus est usque ad locum ubi erat frumentum. Videns frater gavisus est, et revertens narravit. Tunc sanctus cum fratribus laudaverunt Deum dicentes : « Te Deum laudamus » usque ad finem. » Boll. Jul. I, p. 125.

[2] « Tentatio diabolica est ; confortemini in Domino et induite armaturam Dei. » Id., ibid.

de saint Léonore voit là un miracle ; sans doute une tempête violente, comme il s'en lève souvent sur ces côtes, avait achevé durant
la nuit la besogne déjà bien avancée par les cénobites.

Ce n'était là encore qu'une partie de la tâche. Ce sol maintenant
débarrassé des arbres qui l'obstruaient, il fallait le défricher, l'ou-
vrir, le retourner, en un mot, le préparer à recevoir et à féconder
la semence. Les moines n'ayant ni bêtes de somme ou de trait, ni
aucun autre animal domestique, devaient tout faire de leurs propres
mains ; le travail était donc horriblement pénible, et l'on ne
s'étonnera point que les disciples de Léonore, exténués de lassi-
tude, aient une seconde fois perdu courage[1]. Mais Dieu n'aban-
donna point ses serviteurs, et voici, suivant la légende, comment il
les secourut. Une nuit, un ange, se présentant à Léonore, lui com-
manda de fabriquer, dès le lendemain, six jougs pour un même
nombre de paires de bœufs, autant de charrues armées de socs et
de coutres, et en un mot tous les instruments nécessaires au labou-
rage. Cet ordre ayant été exécuté (on ne dit point comment, et ce
silence est regrettable, car, dans la pénurie de toutes choses où se
trouvaient les moines, un semblable travail n'était rien moins que
facile), cet ordre ayant été exécuté, Léonore, toujours d'après les
instructions de l'ange, fit transporter tous les instruments aratoires
au lieu du défrichement ; et lui-même s'y étant rendu le lendemain
avec les moines, y trouva douze cerfs d'une taille et d'une force
extraordinaires, qui présentant d'eux-mêmes la tête, s'approchant
sans crainte des six charrues, s'y laissèrent patiemment atteler
et prêtèrent docilement leur aide aux moines pour achever leur
labour.

On reconnaît ici un trait qui se rencontre fréquemment dans
l'histoire de nos vieux saints bretons, je veux dire la substitution
des bêtes sauvages aux animaux domestiques dans les divers travaux incompatibles avec la faiblesse physique de l'homme. C'est

[1] A tel point qu'ils songèrent à prendre la fuite : « Cogitaverunt fratres iessi pro
nimio labore, noctu, magistro ignorante, fugere. » Id., ibid. — Mais Léonore devina
leurs intentions et y mit obstacle.

ainsi, par exemple, que, d'après la tradition populaire, saint Hervé
labourait avec un loup, et qu'un animal de même espèce traînait
complaisamment dans un chariot les matériaux nécessaires à saint
Thégonnec pour bâtir son église[1]. Une certaine science, qui se
prétend supérieure parce qu'elle nie de parti pris ce qu'elle ne
peut entendre, a rejeté dédaigneusement tous les faits de cette
nature en les traitant de contes absurdes. Il serait, sauf erreur,
bien plus philosophique de chercher à les comprendre et à les
expliquer, d'autant que l'explication n'est pas loin. N'avons-nous
pas prouvé d'une manière incontestable qu'à l'époque où les émigrés de l'île de Bretagne passèrent en Gaule, le sol de notre péninsule était en majeure partie désert, inculte, couvert de bois ?
Qu'arrive-t-il nécessairement en pareil cas ? L'homme ayant
disparu, les animaux domestiques disparaissent à leur tour et
retombent à l'état sauvage. C'est donc dans les forêts que les émigrés bretons durent aller chercher ces animaux, qui n'étaient plus
que des bêtes sauvages, pour les employer de nouveau aux usages
domestiques. Et que disent, au fond, toutes les légendes ? Précisément la même chose : que les saints se firent aider dans leurs travaux par des bêtes sauvages. Qu'importe que les légendaires se
soient, volontairement ou non, trompés sur l'espèce ? qu'ils aient
mis, au lieu de bœufs, de chiens et de chevaux sauvages, des
loups et des cerfs ? Qu'importe que le moyen âge, engoué du merveilleux comme nous du rationnel, ait prêté aux faits de cette sorte
une couleur miraculeuse ? Le miracle, c'était la courageuse entre-
prise de relever la civilisation matérielle, en rendant tout d'abord
à l'homme l'empire et la jouissance de ces animaux, instruments
vivants dont Dieu lui a permis de s'approprier les forces. Or, ce
miracle-là (nous venons de le montrer) les émigrés bretons, et
spécialement les saints et les moines, c'est-à-dire les plus labo-

[1] Sur le loup de saint Hervé, voy. Albert Le Grand, p. 210; il y a une histoire
analogue dans la vie de saint Malo, dans Albert Le Grand, p. 583-84. Quant à saint
Thégonnec, le fait est rapporté par une tradition populaire et consacré par un bas-
relief qui se trouve dans l'église même de Saint-Thégonnec, près Morlaix.

rieux, les plus int.'ligents des émigrés, l'ont certainement ac-
compli. Le raisonnement, non moins que les légendes, en porte
témoignage.

Je n'insiste pas, bien qu'il me fût facile de justifier mon opinion
par de nouveaux arguments [1], et je me borne à faire observer, en
ce qui regarde particulièrement saint Léonore, que, d'après le
légendaire lui-même, il ne s'agit point ici de cerfs ordinaires. Ils
avaient, nous dit-il, une taille inaccoutumée (*cervos grandis mos*);
on peut croire que c'étaient des bœufs sauvages, domptés par les
mains du saint à travailler et à servir. Quoi qu'il en soit, l'opération du labour une fois terminée, les semailles se firent ensuite au
temps convenable, et le biographe de Léonore, pour achever ce
récit, nous montre le pieux évêque parcourant avec sollicitude ses
nouveaux champs et suivant d'un œil inquiet les progrès de la
moisson, qui couronna enfin ses longs efforts par une abondante
récolte [2].

Si je me suis arrêté sur l'histoire de saint Léonore, c'est qu'elle
nous montre, avec une grande vérité et sous des couleurs vivantes,
ce que fut l'œuvre civilisatrice accomplie par les moines émigrés
de l'île de Bretagne. A cette joie solennelle, à ces vives actions de
grâces inspirées par la découverte d'un petit champ de blé au
milieu des bois, ne croirait-on pas voir les colonisateurs de quelque
plage déserte encombrée de forêts vierges ? La tâche est rude, en
effet ; plus d'une fois les ouvriers sentent défaillir leurs bras et
leurs cœurs ; mais l'énergie du chef demeure inébranlable. il
soutient, il ranime ses compagnons ; à force d'opiniâtreté et d'in-
dustrie il dompte tous les obstacles, il contraint la nature à servir

[1] La domestication des espèces animales revenues à l'état sauvage est un des
épisodes intéressants des travaux civilisateurs de nos vieux saints : malheureusement,
nous ne pouvons nous y arrêter. Il y a des textes fort curieux dans la vie de saint
Paul Aurélien, ap. Boll., t. II Martii.

[2] Pour l'histoire des travaux agricoles de saint Léonore, aujourd'hui connu et
honoré sous le nom de saint Lunaire, voy. *Vit. S. Leonor.* ap. Boll., t. I Julii,
pp. 121 et 125.

de nouveau aux besoins de l'homme. — Telle est, en effet, la
vie de presque tous nos saints : d'une part, ils prêchent l'Evangile ;
de l'autre, ils renversent les forêts, défrichent la terre et la
couv. nt de moissons. Sans même parler de saint Léonore, on en
trouve la preuve dans une foule de légendes, dans celles entre
autres de saint Brioc, de saint Magloire, de saint Suliau, etc. [1].

Remarquons ici, pour être juste, l'utilité de l'institution monas-

[1] « Sortant de la cité de Guic-Aleth avec quelques-uns de ses confrères, il
(S. Suliau) marcha deux lieues, côtoyant la rivière de Rance, et s'arrêta en un can-
ton désert et solitaire fort propre à son dessein, *pour être retiré et séquestré de tout
bruit et de toute humaine conversation.* Il s'informa à qui appartenait ce lieu, et
ayant appris que c'était à un seigneur qui demeurait là auprès, il le fut trouver et
obtint de lui autant de terre qu'il lui en fallait pour bâtir un ermitage pour lui
et ses confrères. — Ayant obtenu ce don, il commença à travailler, et en peu de
jours édifia une petite chapelle et quinze petites cellules pour se loger luy et ses
religieux, et ayant labouré *de ses propres mains* une pièce de terre, il y sema du
bled, lequel creut fort beau. » — Albert Le Grand, p. 479. « Beatus Sulinus (*pour
Sulianus ou Suliavus*)... mare transiens, pervenit ad locum... juxta fluvium qui
dicitur Rentio, ibique in loco *deserto et nemoroso* tuguriolum collocavit. Cumque
cespitem incultum excoleret, ut herbis et oleribus sibi victum præpararet, quidquid
ibi sevit et plantavit turba ferarum devoravit, etc. » *Vit. S. Sulini,* ap. Boll., t. I
Octobr., p. 196. — Voici comment les Actes originaux de Saint-Brieuc, cités en
extrait par le chanoine La Devison, racontent l'arrivée du saint et de ses moines dans
le lieu où s'est élevée depuis la ville qui porte son nom : « Illustrantibus illis
(S. Brioco et sociis) arboreta maxima curiosius, annosasque fruteta circum-
quaque perscrutantibus, in vallem binam deveniunt... Beatissimus Briocus cum suo
illo presbyterorum religioso comitatu vallem nemorum amænitate confertam peram-
bulans, fontem lucidissimum aquis prospicuum, divina disponente gratia, reperit,
ubi cum fratribus, fusa prius ad Deum oratione, subsistens, mox ædificandi orato-
rium manibus exertis prior ipse imponit initium. Accinguntur omnes operi, diruunt
arbores, succidunt fruteta, avellunt vepres spinarumque congeriem, silvamque den-
sissimam brevi reducunt in planitiem... Vertebant plerumque glebas ligonibus ;
excolebatur deinceps humus sarculis, sulcisque minutissimo exarata, etc. » Ces
extraits sont tirés du petit ouvrage du chanoine L. G. de la Devison, intitulé : *La
vie, les miracles et les éminentes vertus de saint Brieuc et de saint Guillaume.* — A
Saint-Brieuc, par Guillaume Doublet, imprimeur-libraire, 1627, pet. in-8°. Le livre est
divisé en plusieurs parties ayant chacune une pagination particulière ; les textes
cités se trouvent à la fin du volume, aux pp. 14 et 15 de la partie intitulée :
Remarques et observations nécessaires sur la vie de saint Brieuc. — Cet ouvrage, qui
était devenu très rare, a été réimprimé avec beaucoup de soin, en fac-similé et en
deux volumes, par M. L. Prud'homme, Saint-Brieuc, 1874 (p. 16 et 17 des *Remarques,* dans cette réimpression).

tique. En face des difficultés sans nombre de la colonisation armoricaine et surtout de cette première opération du défrichement, on
peut assurer sans crainte que le travail individuel abandonné à
lui-même, avec ses caprices, ses efforts irréguliers, isolés, mal
combinés, fût demeuré bien longtemps insuffisant : il fallait un
agent plus énergique, il fallait l'association, le travail en commun,
et surtout ce travail patient, continu, régulier, que rien ne rebute,
pas même la stérilité apparente de ses efforts, parce qu'il a pour
principe l'accomplissement d'un devoir religieux, non la satisfaction d'un intérêt personnel. D'ailleurs, on le conçoit, une fois
l'œuvre mise en train et le sol en culture, il dut arriver nécessairement, par suite des avantages mêmes de ce travail en commun, que
la terre rendit aux moines bien plus qu'il ne fallait pour leur sub-
sistance. Voyons ce qu'ils faisaient du superflu.

Une nuit, à la faveur d'épaisses ténèbres, tandis que saint Gwennolé chantait l'office avec ses moines dans l'église de Landevenec,
trois voleurs s'introduisirent dans l'enceinte du monastère. Ils
croyaient, dit l'hagiographe, y rencontrer amoncelées toutes les
richesses du pays ; ils n'y trouvèrent que des granges regorgeant
de blé. Et comme ils tenaient à ne point revenir les mains vides,
ils emplirent leurs sacs de grain, puis se disposèrent à partir.
Mais le fardeau dont chacun d'eux était chargé, l'obscurité et
divers accidents les empêchèrent de telle sorte qu'ils ne surent
plus comment sortir de l'enceinte et s'y laissèrent surprendre par
les moines. Le délit était flagrant ; voici comment Gwennolé les
en reprit : « Pourquoi donc (leur dit-il) avez-vous commis cette
« mauvaise action ? Ne valait-il pas mieux prier nos frères de vous
« donner part aux fruits de leur travail, et emporter ensuite avec
« leur permission ce qui vous était nécessaire ? Mais vous avez
« mieux aimé violer la clôture de notre maison ; vous pouviez
« demander et obtenir tout ce qu'il fallait pour la satisfaction de
« vos besoins ; vous avez préféré le soustraire par un vol, quoique
« la loi de Dieu dise : *Tu ne voleras point, tu ne convoiteras pas le*
« *bien de ton prochain.* Mais pourquoi s'en étonner ? A qui écoute

« le diable tout péché semble agréable. » Et comme les coupables confondus ne répondaient point : « Allez, ajouta-t-il ; emportez avec vous le blé dont vous êtes chargés, et toutes les fois « que vous aurez quelque besoin, adressez-vous à nous, nous y satisferons sur-le-champ [1]. »

Autre exemple. — Les îles du Cotentin (aujourd'hui l'archipel anglo-normand) étaient peuplées au VIe siècle de Gaulois indigènes et d'un assez grand nombre d'émigrés bretons. Saint Magloire, entre autres (vers 570), suivi d'une troupe considérable de moines, avait fixé dans l'une d'elles (l'île de Serk) son principal monastère et établi dans toutes les autres des succursales plus ou moins nombreuses [2]. Par les soins de ces missionnaires, le paganisme celtique avait été complètement détruit, le sol des îles diligemment cultivé. Vers la fin du VIe siècle (en 585 suivant Lobineau, *Vies des SS. de Bret.*, p. 117), une disette des plus cruelles affligea la péninsule armoricaine, mais les îles du Cotentin n'en furent point atteintes. Aussi vit-on bientôt affluer au monastère de saint Magloire des troupes de Bretons armoricains fuyant devant la famine. Le saint les accueillit avec empressement et les nourrit tous, sans exception, pendant plusieurs mois. Cette hospitalité prolongée fit baisser sensiblement, on le conçoit, les provisions du monastère ; l'économe de la communauté s'en effraya et vint un jour déclarer au saint abbé qu'il fallait renoncer à nourrir plus longtemps une aussi grande multitude, sous peine, pour les moines eux-mêmes, de se trouver bientôt sans ressources. Le saint lui répondit avec confiance que Dieu saurait y pourvoir. Mais l'économe insista, et comme sur ces entrefaites l'heure du dîner approchait, il pressa l'abbé de lui dési-

---

[1] « ..... Nonne enim magis condecuerat ex fratrum labore aliquid postulare et ex « permissione quantum sufficere posset suscipere ?... Quod pro opportunitate poscere « et sumere poteralis, per furtum delectabilius vobis visum est rapere... » Et adjecit dicens : « Tollite hinc vobiscum onera vestra, et quoties necesse fuerit, petite à nobis « et nos incunctanter tribuemus. » *Vit. S. Guengual.*, lib. II, cap. XXII. Le commencement de l'histoire des trois voleurs est au chapitre précédent.

[2] Voy. M. de Gerville, *Recherches sur les îles du Cotentin et sur la mission de S. Magloire.*

gnor, parmi ses hôtes, ceux qu'il fallait congédier et ceux qu'il voulait, au contraire, continuer d'admettre à la table du monastère. Magloire fit cette magnifique réponse : « L'enfant à la mamelle, « l'adolescent imberbe et celui dont les joues s'ornent d'un premier « duvet, le jeune homme pubère et le vieillard en enfance, l'étran- « ger et l'indigène, tous en un mot, voilà qui nous voulons recevoir « à notre pauvre table ; qu'ils viennent avec confiance et que nul « ne les en empêche [1]. »

Ajoutons à ces traits caractéristiques que, dans tous les monas- tères bretons, l'hospitalité était pratiquée comme un devoir et dans sa plus grande extension. Quiconque se présentait était accueilli, hébergé et nourri tant qu'il lui convenait de rester [2].

On voit donc où allait le superflu des moines et ce qu'étaient, à ce point de vue, les monastères : de véritables greniers d'abondance, ouverts à tous, où tous puisaient, le pauvre dans ses misères indi- viduelles, la nation dans ses calamités publiques. Nul n'était refusé, pas même le larron.

Mais ce n'est pas assez de manger, il faut boire : ce n'est pas assez de jeter bas les forêts qui surchargent le sol et les arbres stériles ; il faut encore les remplacer par des arbres et des planta- tions plus fécondes. C'est à quoi ne manquèrent point les saints bretons ; ils plantèrent sur notre sol la vigne, dont la culture, comme on le sait, y persista pendant une grande partie du moyen âge, et le pommier qui aujourd'hui encore couvre nos champs. Pour la vigne, on peut voir dans la vie de saint Malo une gracieuse petite histoire que je regrette de ne pouvoir traduire ici [3]. Pour le pom-

---

[1] Voy. *Vit. S. Maglor.*, ap. Mabillon, *A. SS. O. S. B.*, Sæc Ier, p. 226.

[2] Voy. *Vit. S. Maglor.*, cap. 17, ap. *A. SS. O. S. B.* Sæc Ier. p. 226-227, *Cartul. Rotonense*, ap. D. Mor., *Pr.*, I, 308 ; *Actes des SS. de l'abbaye de Redon*, ap. D. Mor., *Pr.*, I, passim, etc.

[3] « Imitatus Paulum apostolum, cui manus suæ operando supplebant si quid sibi deerat, ipse (S. Maclovius) labori manuum suarum intendebat quando ab evan- gelizandi officio vacabat. Cum quadam die in putanda vinea laboraret cum fratribus, depositam cappam reposuit in abdito ut operari posset expeditius ; finito opere, cum cappam vellet recipere, aviculam, quam vulgo bitrionem vocant, invenit super eam ovum posuisse. Qui sciens nec aviculis deesse Dei providentiam, quippe quarum

mier, je citerai, comme exemple, le passage suivant de la vie de
saint Teliau : « Saint Teliau laissa encore à l'Armorique une autre
« marque de sa bienfaisante protection, savoir, une vaste forêt
« (*magnum nemus*) d'arbres fruitiers, longue d'environ trois
« milles, s'étendant depuis Dol jusqu'à Cai [2], et qu'il planta de
« ses propres mains avec l'aide de saint Samson. Ces plantations
« aujourd'hui encore portent les noms des deux saints : on les
« appelle les *Vergers de Teliau et de Samson* [3]. »

Il y a mieux ; c'est à nos saints du VIe siècle, notamment à
S. Gwennolé, qu'on doit rapporter sinon l'invention du cidre, du
moins l'introduction de cette liqueur, comme boisson usuelle chez
les Bretons du continent. Le cidre, ou tout autre breuvage dont le
jus des pommes formait la base, n'était point absolument inconnu
à l'antiquité (voy. Du Cange, aux mots *Sicera*, *Pomagium*, *Pomata*) ;
mais on ne voit pas qu'un tel breuvage ait été d'un grand usage
chez aucune nation. Au moins ne l'était-il ni dans les Gaules ni
dans la Grande-Bretagne ; il n'en est pas question une seule fois
dans les lois galloises rédigées au Xe siècle par le roi Howel-Da :
d'où on peut conclure qu'à cette époque encore les Bretons cam-
briens ignoraient l'usage du cidre. Les boissons nationales des races
celtiques étaient, suivant les plus anciens documents, l'hydromel,
la cervoise, le *bragawt* (variété de la cervoise), et le vin en Gaule
pour les riches. Mais, au VIe siècle, les moines bretons réfugiés en
Armorique s'abstinrent par mortification de ces divers breuvages,
et y substituèrent pour leur usage habituel une boisson tirée du

nulla sine patre Deo cadit super terram, dimisit ibidem cappam donec, fotis
ovis, pullos in tempore excluderet avicula : in qua re et illud mirabile fuit,
quod tanto tempore illic cappa jacuit, nulla pluvia illam violavit. • *Vit. S. Maclorii*,
cap. xv, ap. Surium, mense novembr., p. 352.

[2] Lieu actuellement inconnu.

[3] « *Arboreta Teliavi et Samsonis.* » *Vit. S. Teliavi*, ap. *Lib. Landav.*, p. 103. Cette
légende a été composée sur les actes originaux qui se trouvaient aux archives de
l'église de Landaff où Téliau avait été évêque ; mais la rédaction actuelle est de la
première moitié du XIIe siècle : la tradition subsistait donc encore après plus de six
cents ans.

jus des pommes qu'ils coupaient avec de l'eau. C'est ce que nous apprend formellement, entre autres, le biographe de S. Gwennolé [1]. Les Bretons armoricains, dans l'origine, semblent avoir été peu enthousiastes de cette liqueur monastique. *Mieux vaut vin de raisin que de pommes*, criaient encore à tue-tête, vers la fin du VIe siècle, les bandes bretonnes de Waroch [2] : mais peu à peu cependant ils y prirent goût, ils en améliorèrent la confection ; aujourd'hui enfin, comme chacun sait, le jus doré des pommes est devenu pour eux l'objet d'une véritable passion ; si bien que ce qui fut dans l'origine un moyen de pénitence et de mortification, se change souvent en instrument de péché. Bon vieux saint Gwennolé, tu étais bien loin sans doute de t'attendre à un pareil résultat.

Après avoir donné à l'homme de quoi vivre, il faut trouver moyen de lui conserver la vie quand les maladies l'attaquent. Déjà bûcherons, laboureurs, dompteurs d'animaux, vignerons, planteurs de pommiers et fabricants de cidre, les saints bretons du VIe siècle étaient encore médecins. Rien n'est plus universellement attesté, il n'y a point de saint dont la légende ne contienne le récit de quelque cure ; et le fait n'aurait besoin que d'être signalé, si l'on n'y avait opposé une objection, spécieuse au premier abord, quoique au fond sans valeur. On dit en effet : ces cures attribuées aux saints nous sont presque toujours données par les hagiographes comme miraculeuses. D'où les uns concluent qu'elles sont absolument fabuleuses, les autres qu'il faut y voir l'intervention d'une puissance surnaturelle et nullement celle d'une science ou d'une opération humaine telle que la médecine. De part et d'autre on arrive, quoique par des chemins divers, à ôter aux saints le mérite d'avoir pratiqué la médecine et soulagé les maux de l'humanité

« Nullum enim omnimodis liquoris usæ, neque mellis, sed neque lactis, neque cerevisiæ sumpsit (Gwengwaloeus). Potus autem ejus tamen talis erat qualis ex aqua et arborum succis malorumœ agrestium condiri posset. » *Vit. saint Gwengxal.*, ap. D. M., Pr. 1, 227.

2 Voy. La Villemarqué, *Chants pop. de la Bret.*, 3e édit., t. 1, p. 75-77.

par des moyens humains. Or nous répondons aux uns que le fait
des guérisons opérées par les saints est trop universellement attesté
pour être contestable en bonne critique, aux autres que les miracles
de cette nature sont trop nombreux, parfois trop peu fondés en
raison et souvent trop mal soutenus pour être tous acceptables à
titre de miracles. Sans même entrer dans le fond de cette question
de critique qui nous mènerait beaucoup trop loin et sort de notre
sujet, en vertu des simples considérations qui précèdent, on est
donc amené à conclure que les cures attribuées aux saints sont
très réelles, et que dans la plupart des cas (car je ne repousse point
ici, tant s'en faut, la possibilité des miracles) ces cures ont été
dues à des moyens purement humains, c'est-à-dire à la médecine.

En ce qui regarde spécialement les saints bretons, cela n'est-il
point parfaitement concevable? Ne sait-on pas que le corps des
druides possédait, dans sa tradition sacerdotale, des connaissances
médicales, sinon rationnelles, du moins acquises par une longue
expérience et assez étendues? Beaucoup de ces druides se firent
prêtres et moines lors du triomphe définitif du Christianisme, et
ainsi ces traditions de science médicale passèrent par une voie
toute naturelle des collèges druidiques aux monastères chrétiens.
Quant au peuple, en voyant des effets dont il ignorait les causes, il
les rapporta, ainsi qu'il arrive presque toujours, à l'action d'une
puissance surhumaine; et cela se fit avec d'autant plus de facilité
qu'on avait véritablement à cette époque, comme on l'a dit plus
haut, la soif du merveilleux et du surnaturel. Ne croyez pas en effet
que les saints donnassent eux-mêmes leurs cures médicales pour
des miracles; bien souvent au contraire (les légendaires l'avouent),
ils déclaraient avoir agi par des voies toutes naturelles; mais les
masses refusaient de croire à de telles déclarations et prenaient
cette franchise pour l'effet de l'humilité. Ne pouvant entrer ici
dans le fond de la question et donner toutes nos preuves, nous
nous bornons à indiquer sur ce sujet un passage des Actes de
saint Melaine qui est concluant [1].

[1] Voy. *Vit. S. Melanii*, cap. III, § 15. ap. Boll., t. I, Januarii, p. 330.

Du reste, malgré l'obscure brièveté des hagiographes, il est encore possible, en y regardant de près, de reconnaître çà et là, sous le voile de leur récit, quelques vestiges de la médication employée par les saints. Ainsi, par exemple, saint Magloire ayant à traiter une maladie cutanée, à laquelle la légende donne le nom de lèpre, soumet le malade au jeûne ou à la diète (ce qui est la même chose), aux bains et aux frictions [1]. Saint Maclow, sur une morsure de vipère, applique une feuille de lierre trempée d'eau bénite, nous dit la légende ; mais cette eau renfermait sans doute quelque dissolution ammoniacale, et en effet nous la voyons précisément produire sur la plaie l'effet d'un cautère [2]. Ailleurs on vient présenter à saint Melaine un homme que des douleurs aux pieds empêchaient absolument de marcher (pedibus ambobus contractus); et le saint, au rapport de l'hagiographe, le guérit en lui faisant prendre des bains d'eau chaude [3]. Enfin, comme on l'a vu dans le passage cité un peu plus haut, ce même hagiographe, tout en attribuant à l'action surnaturelle les guérisons opérées par saint Melaine, avoue néanmoins avec franchise que le saint ne manquait jamais, en pareil cas, d'user des pratiques de la médecine et d'appliquer des topiques (fomenta) sur la partie malade [4].

Une dernière observation : ce qui confirma sans doute les peu-

[1] « Tunc vero *triduanum* beatus Maglorius ei (au malade) *indixit jejunium*... Quo peracto, cum letaniarum obsecratione *in balnearium dolium jussit imponi.* Super quem manum imponens, dixit : (suit une prière)... His dictis, beato Maglorio *manu totum corpus ejus tangente...* lepra ab eo recessit. » *Vit. S. Maglor.,* c. 12, ap. Mabillon, *A. SS. O. S. B.* sæc 1ᵉ, p. 225-226.

[2] « ... Episcopus (i. e. Maclovius) ad orationis subsidium confugit, aquam *exorcizatam* benedixit, ex ea folium hederæ perfudit, folium loco vulneris superposuit. Contra vim sacræ benedictionis non potuit subsistere vis venenosæ pestis. Videres ex imis visceribus pestiferum virus elici, et ad locum folio hederæ obductum contrahi : quod stillando in terram guttatim corpus puellæ reddidit illæsum. » *Vit. S. Maclov.,* cap. xxii, ap. Surium, mense novembr., p. 353.

[3] « Quidam homo pedibus ambobus contractus projicitur ante eum (S. Melanium). Cujus miseriam sanctus Dei cum pietate respiciens, pro eo precem fudit Domino. Deinde *lavans infirmi pedes aquæ calidæ fomento,* eum pristinæ restituit sanitati. » *Vit. S. Melan.,* cap. iii, § 18, ap. Boll., t. i Januar., p. 330.

[4] *Vit. S. Melan.,* cap. iii, § 15, ap. Boll., t. i Januar., p. 330.

ples et les légendaires dans l'erreur où ils étaient touchant la cause véritable des guérisons opérées par les saints, c'est que ceux-ci, doutant à bon droit de l'efficacité des efforts de l'homme privé de l'assistance divine, ne manquaient jamais, dans leurs cures, d'implorer par des prières la faveur, le secours et, on peut dire, la coopération de Dieu. Mais les faits qu'on vient de citer, joints aux raisonnements qui précèdent, ne permettent point de douter qu'ils n'usassent concurremment des ressources humaines de la médecine. Ajoutons, pour en finir, qu'entre les principaux saints bretons du VIe siècle, S. Maclow et S. Magloire semblent avoir eu, comme médecins, une célébrité toute particulière [1].

IV

Pour achever cette rapide esquisse de notre sujet — à savoir le rôle de l'élément ecclésiastique dans la formation de la société bretonne armoricaine, — il resterait à montrer ce même élément agissant dans les affaires purement politiques de la péninsule d'une manière directe et immédiate, à exposer dans cet ordre d'idées la part qui revient à son influence. Le tableau, malgré la rareté des documents, serait encore trop long pour notre cadre, s'il fallait le faire complet. Nous nous bornerons à dire, en général, dans quel sens cette influence fut exercée, et à rappeler quelques noms.

D'après tout ce qu'on a vu précédemment, on ne peut douter que les saints bretons des Ve, VIe et VIIe siècles n'aient joui auprès des peuples d'un grand crédit, non seulement pour leurs

[1] « In pago urbis Alethæ, filiam habebat vir quidam prænobilis quam miserabiliter vexabat passio intolerabilis... Pater... ad medendum filiæ suæ felicem invitat Maclovium, *quem olim audierat in curationum efficacia esse gloriosum.* » *Vit. S. Maclov.*, c. xvi, ap. Surium, mense novembr., p. 352. — « Cum fama ejusdem sancti viri (Maglorii) huc illucque peragrans crebresceret, nonnulli ex diversis regionibus, diversos langores habentes,... ut sanarentur ad eum confluebant. » *Vit. S. Maglor.*, c. ix, ap. Mabillon, *A. SS. O. S. B.*, sæc I^r, 225.

vertus, leur caractère et leur sainteté, mais encore en raison de
leurs bienfaits et de leurs travaux civilisateurs. D'où il résulte qu'ils
devaient posséder aussi, presque toujours, un grand crédit et
une capitale influence auprès des princes. Et nous voyons, en effet,
par les documents, que beaucoup des petits chefs bretons avaient
pour conseillers principaux des moines ou des évêques. Exemples:
en Cornouaille, le roi Gradlon et S. Gwennolé; en Vannes,
Wéroch Ier et S. Gildas; en Léon, le comte Withur et S. Paul
Aurélien ; en Domnonée, Judual et S. Samson, Judicaël et
S. Maclow[1], etc. L'influence exercée par les saints sur ces petits
rois, chrétiens à la vérité, mais néanmoins très barbares, cette
influence est très bien caractérisée dans le passage suivant de la
vie de S. Gwennolé : « Gradlon, alors roi de Cornouaille, nous
« dit l'hagiographe, suivait, dans l'exercice de son pouvoir, les
« emportements d'un cœur farouche. Mais s'étant ensuite laissé tou-
« cher par les exhortations du saint homme Gwennolé, il devint plus
« doux (*mitior*) dorénavant, et gouverna pieusement son royaume[2]. »
   Tel fut près des rois et des puissants le rôle des saints bretons:
ils adoucirent, en les *christianisant*, ces natures fougueuses et
déréglées ; ils firent descendre jusqu'à l'âme l'eau du baptême,
qui n'avait encore touché que le front. Mais cette œuvre ne fut
pas toujours d'un succès facile ; les vices endurcis, les passions
sauvages de la barbarie opposèrent souvent une résistance tenace,
et parfois insurmontable. Les saints bretons, de leur côté, furent
inflexibles ; devant ces révoltes du mal appuyé sur la force, loin

---

[1] « Gradlonus apud eumdem (Gwengwaloeum) Cornubiæ rex familiarissimum habuit
colloquium. » *Omelia in die natalitium S. Guingaloei*, auctore Gurdestino, lectione IX,
in *Cartul. Landevenn.*, ms. Voy. aussi *Vit. 2am S. Winwaloei*, ap. Boll., t. 1. Martii,
p. 225. — *Vit. S. Gildæ*, cap. 21, 22, 23, ap. *A. SS. O. S. B. sæc. 1°*, p. 145. *Vit.
S. Paul. Aurel.*, cap. IV, § 35, ap. Boll., t. II Martii, p. 117. — Et sur Judual et
Judicaël, Le Baud, *Hist. de Bret.*, pp. 80 et 87.

[2] « Gradlonus et ipse, tunc temporis rex, primum *feroci animo* regni negotia per-
tractans, hujus sanctissimi viri (Gwengwaloei) monitis petiit ædificari. Dehinc *mitior*
factus... hujus viri benedictione ditatus, terrenum piissime tenuit regnum. »
Vit. 2am S. Winwaloei, ap. Boll., t. 1 Martii. p. 225.

de reculer, ils gardèrent la liberté de leur langage apostolique, ils redoublèrent d'audace, ils s'armèrent des menaces et au besoin des anathèmes de l'Église, ils prirent intrépidement la défense des innocents et des faibles. Qui ne connaît les âpres invectives de S. Gildas contre les rois prévaricateurs de l'île de Bretagne? Or, Gildas joua le même rôle en Armorique [1]. Les Actes de S. Méen et ceux de S. Malo nous fournissent de beaux exemples de la protection sympathique exercée par l'Église à l'égard des opprimés [2]. Ne sait-on pas, d'ailleurs, qu'elle ouvrait sans cesse et sur tous les points à la faiblesse persécutée l'abri tutélaire de ses vastes et nombreux *minihis* (lieux d'asile), plus vastes et plus nombreux peut-être en Bretagne qu'en aucun autre pays du continent? Ajoutons encore que le biographe de S. Gwennolé compte au nombre des plus éminentes vertus de son héros sa liberté de parole en face des puissants du siècle [3].

En ce qui touche la politique extérieure, les moines et les évêques bretons, quand ils eurent occasion d'y prendre part, défendirent avec une fermeté habile la cause de l'indépendance nationale, et combattirent résolument toutes les entreprises de la domination étrangère. Ainsi saint Samson, au VIe siècle, sut arracher des mains de Childebert Ier le chef national de la Domnonée, Judual, retenu captif à Paris, et soustraire toute la partie septentrionale de notre péninsule à la domination mérovingienne, qui s'y était exercée durant quatorze années par l'intermédiaire d'un usurpateur nommé Conmor, dévoué aux Franks [4].

[1] « Homicidas autem, adulteros, sacrilegos, fures, raptores, cujuscumque conditionis essent, arguebat, nullius personam verens. » *Vit. S. Gild.*, cap. 18, ap. *A. SS. O. S. B.* sæc. 1º, p. 144.

[2] Sur S. Méen, voy. Lobineau, *Vies des SS. de Bret.*, p. 140. — Et sur S. Malo, *Actes de S. Malo*, dans D. Mor., Pr., ı, 193.

[3] « Cui ergo, tu sanctissime, comparari potes, Guingaloee, omnibus his donorum distributionibus plenus, mirandus in abstinentia, in verbi Dei scientia nitidus, *in vocis libertate contra terrenas potestates strenuus*, etc. » *Vit. S. Gwengual*, lib. ı, c. 2, in *Cartul. Landevenn.* ms.

[4] Voy. à ce sujet, dans la *Biographie Bretonne*, l'article Conmor, publié sous la rubrique *Domnonée (princes de la)*.

Ainsi encore, au IX⁰ siècle, le monastère de Redon, fondé par saint
Conwolon, sur la Vilaine, dans un pays disputé, devint un véritable
foyer de propagande nationale et assura dans peu d'années à
l'influence bretonne une empire incontesté.

Il y a plus : à côté de ces saints qui ont servi la cause nationale par
leurs négociations, leurs conseils, en un mot par des voies toutes
pacifiques, on en trouve d'autres qui ont pris une part directe aux
luttes armées des Bretons contre les Franks ; non qu'ils aient
combattu de leur personne, mais ils ont enseigné à leurs compatriotes des méthodes de guerre plus énergiques, mieux appropriées
à leur génie, et contribué par là directement aux succès militaires
des Bretons. Citons seulement le trait suivant. Au moyen âge,
les Bretons avaient la réputation d'être une excellente cava-
lerie, et c'est à cheval qu'ils gagnèrent leurs plus mémorables
batailles, notamment celle de Ballon (845) qui affranchit la
Bretagne de la domination des Carlovingiens [1]. C'est à l'un de nos
vieux saints du VI⁰ siècle que les traditions les plus anciennes rap-
portent l'origine de ce genre de supériorité militaire. Une antique
légende raconte que ce même saint Teliau, dont il a déjà été question, voulant reconnaître l'hospitalité bienveillante qu'il avait reçue
des Bretons du continent, « s'adressa à Dieu en présence du
« peuple, et le supplia avec ferveur de rendre les guerriers armo-
« ricains supérieurs à toutes les autres nations dans le combat à
« cheval, afin qu'ils pussent, par ce moyen, défendre l'indépen-
« dance de leur patrie et repousser victorieusement leurs agres-
« seurs. » Et (ajoute le légendaire, qui écrivait au XII⁰ siècle sur
des documents anciens) « ce privilège que Dieu leur accorda à
« la prière de saint Teliau s'est continué jusqu'à nos jours, ainsi
« que me l'ont attesté tous les anciens du pays. Car aujourd'hui
« encore les Bretons armoricains sont sept fois plus forts contre

[1] Voy. entre autres *Reginonis Chronicon*, lib. ii, ad ann. 860 et 889, ap. Schardium *Germanicar. rerum* IV. *vetustiores chronograph.* f. 36 v⁰ et 48 v⁰.

« leurs ennemis, quand ils combattent à cheval que quand ils
« combattent à pied [1]. »

V

Il est temps de s'arrêter. Essayons de résumer en quelques lignes
toute cette discussion forcément bien longue, puisque, grâce aux
lacunes qui subsistent encore dans l'étude de notre histoire, il a
fallu appuyer chaque assertion en citant, en racontant des faits
laissés jusqu'ici dans l'oubli le plus dédaigneux et, ce semble, le
plus injuste.

Nous croyons avoir prouvé :

1° Que les moines, les évêques de l'île de Bretagne, et spécialement les saints, expression suprême de l'élément religieux, ont
joué dans le fait de l'émigration un rôle capital, comme chefs et
conducteurs de nombreuses bandes d'émigrés ;

2° Que, dans l'établissement des Bretons émigrés sur la terre
armoricaine, l'élément religieux a joué une part plus importante
encore ; car c'est lui qui, au prix d'une lutte opiniâtre, est parvenu
à vaincre le vieux druidisme dans ses dernières retraites ;

Lui qui a implanté dans notre péninsule la foi et la morale
de l'Evangile ;

Lui qui, à l'ombre des monastères et des églises, a fondé des
écoles ouvertes à tous, en place des collèges druidiques où n'en-
traient que les initiés ;

---

[1] Ce passage est si curieux qu'on nous pardonnera d'en citer le texte : « Co-
ram omni populo S. Teliavus episcopus rogavit Dominum, et imprecatus est sup-
pliciter ut milites Armorici fortiores fierent in equitando omnibus gentibus, et
inde patriam suam tuerentur et victoriose se inimicis suis ulciscerentur. Et illud
privilegium, quod S. Teliavus impetravit a Domino sibi collatum, usque hodie
permanet inibi, secundum testimonia omnium illius patriæ seniorum. Sunt enim
Armorici amplius victoriosi in equitando septies quam ut essent pedites. » Vit.
S. Teliav. *Lif. Londav.* p. 116-117.

3° Au point de vue matériel et dans la décadence presque complète où se trouvait alors la péninsule,

C'est lui qui a renversé nos forêts ;

Défriché, labouré, ensemencé notre sol ;

Planté nos campagnes d'arbres fruitiers ;

Retiré des bois et rendu à l'empire de l'homme les animaux domestiques ;

Fondé dans les monastères, pour le besoin des pauvres et des peuples, de véritables greniers d'abondance ;

Soulagé par la médecine les maux du corps, comme ceux de l'âme par la doctrine.

4° C'est lui enfin qui, par le conseil, la résistance ou l'anathème, a su dompter la barbarie des rois et des puissants ;

Lui qui à la bravoure guerrière des Bretons est venu prêter l'appui de l'habileté, de la prudence et de la sagesse, dans la défense de la nationalité bretonne.

Le résultat définitif de toute cette discussion est donc celui-ci : l'élément religieux ou ecclésiastique a fondé chez nous la civilisation morale et restauré la civilisation matérielle [1]. Tel a été le rôle et l'importance des saints bretons dans la formation de la société bretonne armoricaine.

Ce rôle est capital assurément ; les savants semblent l'avoir jusqu'ici complètement ignoré, ou tout au moins oublié. Mais le rude et religieux peuple de Bretagne, qui n'a point répudié, comme tant d'autres, le saint héritage de son passé, le peuple a eu la mémoire plus fidèle, plus longue que les savants. Il garde encore aujourd'hui, vivant et cher en son cœur, le souvenir de ses vieux saints, de ces véritables pères de la patrie bretonne, qui ont veillé, élevé et nourri la nation, comme une mère son enfant. Et dans cette partie même de la péninsule d'où s'est

---

[1] Si l'on en voulait encore une preuve que l'on n'a pu développer ici parce qu'elle eût pris trop d'espace, il suffirait de se rappeler que nos bourgs et nos communes rurales, presque sans exception, et beaucoup même de nos villes sont d'origine ecclésiastique.

retirée depuis des siècles notre langue nationale, il est facile de trouver, à l'heure qu'il est, nombre [de traditions populaires, où nos saints des VI⁰ et VII⁰ siècles nous apparaissent encore avec leur double auréole d'apôtres de la foi et de fondateurs de la civilisation [1]. Et d'ailleurs, à défaut de traditions, ne suffirait-il pas de ces milliers de croix et de statues vénérées, d'églises et de chapelles rustiques qui lancent au ciel leurs élégantes flèches de pierre, ne suffirait-il pas de ces *pardons* solennels, vraies fêtes du peuple, où les paysans bretons, accourant de toutes parts, viennent demander aujourd'hui encore à leurs patrons antiques les biens de l'âme et du corps ?

---

[1] Par exemple, les traditions sur saint Méen dont on a parlé plus haut.

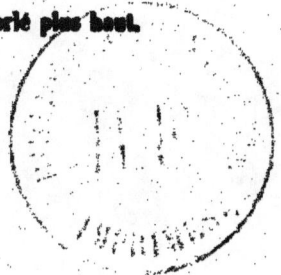

www.ingramcontent.com/pod-product-compliance
Lightning Source LLC
LaVergne TN
LVHW022040080426
835513LV00009B/1156